把增长做到极致

中小微企业如何科学地野蛮生长

何明涛 ◎ 著

ZHEJIANG UNIVERSITY PRESS
浙江大学出版社
· 杭州 ·

图书在版编目（CIP）数据

把增长做到极致：中小微企业如何科学地野蛮生长 ／ 何明
涛著. — 杭州：浙江大学出版社，2022.11
ISBN 978-7-308-23038-4

Ⅰ．①把… Ⅱ．①何… Ⅲ．①中小企业－企业发展－研究
－中国 Ⅳ．①F279.243

中国版本图书馆CIP数据核字(2022)第171889号

把增长做到极致：中小微企业如何科学地野蛮生长
何明涛　著

策　　划	杭州蓝狮子文化创意股份有限公司	
责任编辑	顾　翔	
责任校对	张一弛	
封面设计	邵一峰	
出版发行	浙江大学出版社	
	（杭州市天目山路148号　　邮政编码　310007）	
	（网址：http://www.zjupress.com）	
排　　版	杭州林智广告有限公司	
印　　刷	杭州钱江彩色印务有限公司	
开　　本	880mm×1230mm　1/32	
印　　张	9.125	
字　　数	205千	
版 印 次	2022年11月第1版　2022年11月第1次印刷	
书　　号	ISBN 978-7-308-23038-4	
定　　价	69.00元	

前言

为 99% 赚钱但不值钱的中小微企业代言

在国民经济运行的大循环中，中小微企业是国民经济的"毛细血管"，对促进经济整体有效、健康地运转起到了重要作用。中国自改革开放以来，市场主体蓬勃发展，据国家市场监督管理总局的数据统计，截至2021年年底，全国个体工商户超过了1亿户，公司超过了5000万家。在这5000万家以上的公司中，上市公司大约仅有万分之一，能够得到机构投资的也不超过千分之一。尽管如此，这些民营中小微企业依旧为整个社会贡献了90%以上的企业数量，80%以上的就业，70%以上的技术创新，60%以上的GDP，50%以上的税收。

这些中小微企业是中国社会最基础的市场细胞，但是真正为数量众多但处于市场底层的中小微企业提供的务实服务却非常少。

我这本书正是专门为中小微企业而创作，希望能帮助它们好好赚钱，并把增长做到极致。

增长是管理者的第一责任

企业管理者最大的权力是假设权。创业本质上是我们做的一个假设——假设我们的产品能满足客户的需求，假设我们的管理能让团队发挥出最大能量。但是这些假设往往很难实现，因为，如果公司没有进入业务发展的增长阶段，大家就会在假设的泥潭里痛苦不堪。

所以，对于管理者而言，第一责任就是突破瓶颈，将公司带入增长阶段，否则公司将很难活下来，或者长期处于低水平重复阶段。而公司一旦进入了增长阶段，那么管理者的第一责任就是让公司快速发展。

在我看来，只有增长才能解决公司发展的根本问题，尤其是对中小微企业而言，如果公司没有增长，管理就会没有抓手。反之，如果公司快速增长，管理则相对简单。

对中小微企业而言，既要野蛮生长，又要掌握科学方法论，把增长做到极致，我认为这是中小微企业的经营法则。

我是谁

我用三个标签来介绍我自己。

"连续创业者"是我的第一个标签。在上海读研究生期间开启第一次校园创业，通过做电脑培训业务，我赚到了在上海的第一套房子。毕业后，我先在中国电信工作两年，然后辞职去了广州，做了中国第一本保险黄页。后来回到上海，一次偶然的机会把我带入了财税服务行业，我成立了最初为政府主导的产业园区招商的公司，后来将其发展成中小微企业服务平台，并在2017年以2亿元的估值向某上市公司出售了部分股权。如今，该公司已经发展为集团公司——创业护航（上海）信息科技有限公司（以下简称创业护航），成为财税服务行业的头部企业，2021年创业护航总营收1.7亿元，在全国有600多名员工。2014年，我还和同学合伙创立了一家移动互联网公司，并主导完成了2轮融资，目前该公司已被携程收购。

"中小微企业服务者"是我的第二个标签。我们的主要服务对象就是中小微企业——创业护航在上海服务了5万多家企业，创业护航联盟在全国的数百家加盟商服务了50万家以上的中小微企业。服务业务包括工商、财税、知识产权、人事服务、法律业务、金融业务等。

"深度学习者"是我的第三个标签。在我一路创业的过程中，学习始终是贯穿我创业之路的一条生命线。2010年，在攻读上海交通大学EMBA期间，我获得了系统性和极具价值的商业知识。在携程工作的一年多时间里，我从实践中学习到了系统化和标准化的思维方式。在得到和混沌学园倡导的新兴学习模式中，我提升了认知。跟着刘润老师"问道中国"，我有机会与更多成功的企业创始人面对面沟通。这些宝贵的学习经验是我一步一步踏实前进的基石，且学习的这些内容能在自己的公司实践，并得到验证，有好的效果。而输出是最好的输入，结合这些学习和实践的结果，我写成了两本针对财税行业的书：《服务即营销的终极秘密：代理记账公司的管理与营销》和《有尊严的增长：代理记账公司的增长》。

带着这三个标签的我，开启了本书的创作。作为一名创业者，经历了从3个人到600个人、从单打独斗到寻找合伙人的一波三折、从野蛮生长到科学管理、从最基础的做生意赚钱到与资本接触，我深刻体会到了创业过程中的酸甜苦辣。我长期为大量的中小微企业服务，我的工作就是感知大量创业者的需求与困惑，他们的各种经营案例让我能够以更广阔的视角来理解商业的底层逻辑。因为学习，因为输出，我更有动力把野蛮生长中的中小微企业应该具有的管理科学方法论以简洁的方式梳理出来，并期望以此能帮助更多的创业者。

为什么要写这本书

第一，帮助创业者实现梦想是我的使命。为数百家企业做过管理咨询之后，我发现中小微企业的很多问题都是共同的，把这些共同的、必须解决的问题系统地用这本书总结出来，能够帮助更多的创业者。

第二，为中小微企业代言。我学习过几乎所有知名的商业课程，从战略到战术，从市场营销到人力资源，从股权到财税。这些课程70%以上的内容是针对大型企业的，也就是针对1%的企业，原因很简单，这1%的企业最具有支付能力。但是我要为除此以外的99%的中小微企业代言，我要填补这个空白，我要只针对这99%的中小微企业写一本关于方法论的书。而事实上，野蛮生长的中小微企业只要掌握了"一定正确"的商业真理，就能够好好赚钱，把增长做到极致。

第三，输出是最好的输入。学习和成长是最令我快乐的事情，为了写这本书，我需要重新梳理商业底层逻辑和构架，要能满足各行各业的中小微企业——这充满挑战，同时意义巨大。写完这本书，我能从更广的维度和更深的深度来理解商业，我一定会得到更大的成长，我的企业也一定能做得更好，这样我就能更好地服务更多的中小微企业，我喜欢这样的正反馈。

我的期待

通过这本书，我期待大家能够有以下收获。

对创业更有信心

经营一家公司并没有那么难，把增长做到极致，要遵循简单可行的科学方法论。对创业者而言，信心比黄金还重要。

以更全面的视角经营公司

经营一家公司，除了要站在老板的视角看问题，还要学会站在客户和团队的视角去考虑同一问题。创业者在繁琐的日常工作中只有既能抓住重点，又能有条理地落地执行，才能产生良好的经营效果。

对学习和成长充满信心

通过这本书你会发现，真正掌握了底层逻辑之后，商业的本质就会显露出来，我们既可以很野蛮地赚钱，还可以很开心地学习。其实成长是创业者最大的快乐，也是最大的价值。

我们创业初期所提出的种种假设，以及我们为这些假设的实现所做的种种努力，就是我们创业的最大意义。而这本书，就是帮助所有创业者让这些假设更正确，让企业把增长做到极致。

让我们一起开启这趟旅程！

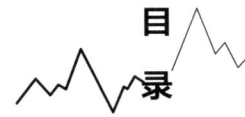

目 录

CHAPTER
1

第 一 章

野蛮生长

学先进，傍大款，走正道。

——冯仑

001 讲 | 生态地图：99% 的企业 "赚钱但不值钱"

　　回顾中国市场主体的发展历程，近 10 年来，其蓬勃发展离不开营商环境的不断优化和政策的持续支持。其中，有以下几大历史性阶段以及几个关键数据值得我们关注。

　　1. 如图 1–1 和图 1–2 所示，2013 年年底，中国市场主体总数约 6000 万户，企业约 1500 万家，个体工商户与企业的比例大约为 3 ∶ 1。到 2021 年，市场主体达到 1.5 亿户，其中大约有 1 亿户个体工商户，5000 万家企业，个体工商户与企业的比例大约为 2 ∶ 1。由此可以得出一个结论：个体工商户的新增非常快，绝对数字很大，每年新增约 1500 万户以上。

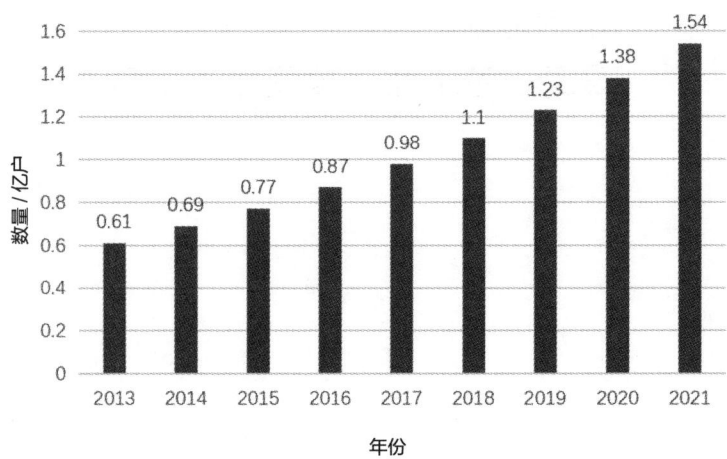

图 1-1 2013—2021 年全国市场主体总数

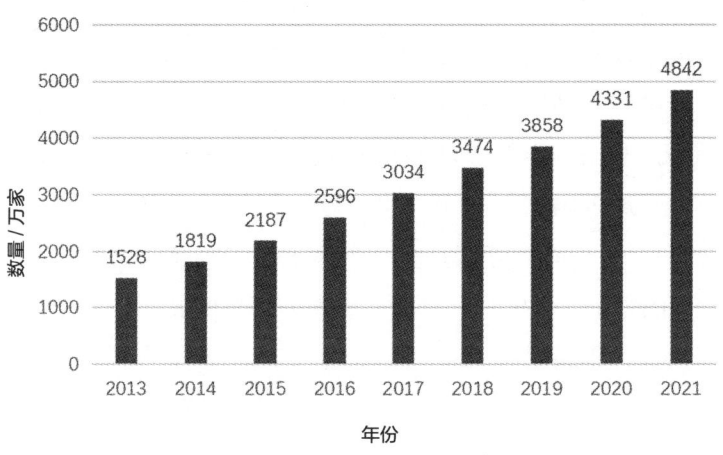

图 1-2 2013—2021 年企业总数

2. 2014 年，中国进行商事制度改革，取消了注册资金实缴制，实行注册资金认缴制，随后在"大众创业、万众创新"的推动下，中国市场主体数量快速大幅增长。

3. 2018 年 3 月，中国市场主体数量超过了 1 亿户。

4. 2020 年开始的新冠肺炎疫情并没有阻止市场主体数量的增长。

5. 2021 年年底，中国市场主体数量达到 1.5 亿户，其中企业数量为 5000 万家，平均每 30 人就拥有一家企业，这已经是一个相当高水平的数值。以美国为例，美国平均每 12 人拥有一家企业，而中国的一线城市深圳、上海、北京人均企业数量则已经达到了美国人均企业数量的标准。

6. 除了关注新增企业外，同样需要注意企业注销情况：2017 年注销企业 124 万家，占当年企业总数的 4.8%；2021 年注销企业 349 万家，大约占总企业数的 7%。也就是说，企业注销比例有所增加。

通过这些数据，我们可以看出，随着中国经济快速发展，市场主体的数量在快速增长的同时，注销量也在增加，大量的创业公司在市场上野蛮生长后又纷纷退场。但不可否认的是，中国经济的增长是创业者的红利。

公司发展的"金字塔"：从赚钱的公司到值钱的公司

据 2021 年天眼查公布的融资事件估算，在市场上的 5000 万家公司中，上市公司大约占万分之一，获得机构投资的大约占比仅占千分之一。换句话说，99% 的公司都无法获得融资，都基本处于"赚钱"但不具备资本意义上的"值钱"状态，真正值钱的公司占比不到 1%。

那么，如何从一家赚钱的公司上升为一家值钱的公司？

首先，创业者得清楚自己的公司定位。我把公司发展分为五层，读者可以以图 1-3 为参照，看看自己的公司处于哪一层。

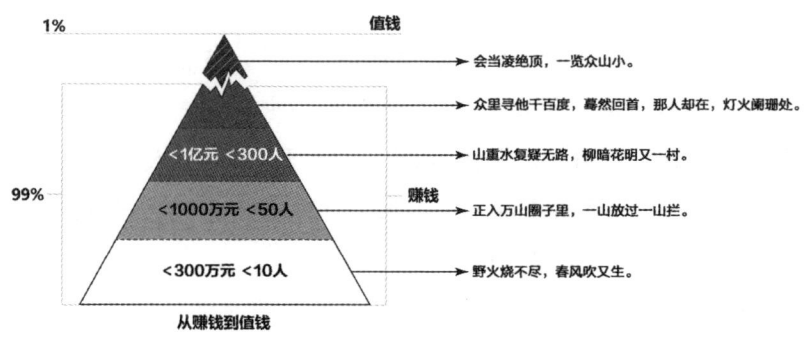

图 1-3 赚钱 vs 值钱

第一层：10 人以下，年营收 300 万元以内

员工在 10 人以下，年营收在 300 万元以下的公司约占企业总数的 30% 以上。虽然它们规模小、营收少，但是生命力极强，"野火烧不尽，春风吹又生"是对它们最好的写照。创业护航服务了大量这样的小微企业，它们具有以下特点。

1. 从行业来看，主要为服务和贸易两大类。

2. 从产业链来看，这些中小微企业主要定位为大公司的供应商，做大公司不愿意做的"脏活、苦活、累活"。比如小工程公司承接的是工程总包方认为利润最低的标段或者项目，人力资源服务公司承接的是大平台最难管理的灵活用工人员，商务服务公司承接的是大平台不愿意直营的线下非标准的服务。

3. 从经营来看，它们极其灵活，有业务的时候多招聘几个人，业务少的时候就少招聘几个人，每个人都在老板眼皮底下工作，效率很高。

4. 从老板来看，这些企业都处于草莽阶段，老板们大都按照自己的理解经营公司，经过一到两年，老板们的认知会拉开很大的距离，能走出来的就进入了更上一层。

第二层：50 人以下，年营收 1000 万元以内

这个阶段的公司，进入纠结期，用一句诗来描述就是"正入万山圈子里，一山放过一山拦"。这时候老板需要突破管理关，因为老板已经没有办法直接指挥每个人，需要通过管理去达成目标。但是，只有不到一半的老板能突破这个管理关。

第三层：300 人以下规模，营收近 1 亿元

这个阶段的公司虽然经过了初步整合，相对比较稳定，而且拥有了很多资源，但还存在很多不确定性，包括在经营、管理，以及内部合伙人上的问题等。如果这些问题能得到进一步解决，那就会迎来质的飞跃。用一句诗来描述，就是"山重水复疑无路，柳暗花明又一村"。

第四层：营收数亿元，员工数千人

这个阶段的企业在战略和管理上都达到了较高的水平。到了这一层，有的老板维持公司发展，享受生活；有的老板将公司并入上市公司，选择变现；当然还有人继续奋斗，努力让公司上市，或者使其成为独角兽企业。无论创业者选择哪种人生，都在经历了一番拼搏和奋斗之后，达到了人生某种程度上的"顿悟"。用一句诗来描述，就是"众里寻他千百度，蓦然回首，那人却在，灯火阑珊处"。

需要强调的是，从赚钱到成为一家平台级的公司，中间有个非连续的鸿沟，这个鸿沟就是认知鸿沟。野蛮赚钱的经营逻辑无法支持公司跨越认知鸿沟，创业者要在更系统的生态位上认识自己，认识行业和宏观环境。梁宁在《增长思维 30 讲》里列举过的茶马古道和云海肴的故事可以很好地说明这点。

2009 年，北京后海的两家云南餐厅迎来了截然不同的命运。茶马古道在北京后海起步，专注做一家高级餐厅，10 年后消失了。云海肴则跟着国内的超级购物中心（shopping mall）在全国开出了几百家门店，成为一家知名的餐饮头部企业。为什么会有如此迥然不同的结局？因为两位老板的认知不同。云海肴的老板朱海琴一开始就要做一个全国规模的餐饮品牌，她的团队、资源、经营管理方式都是为这个目标配置和服务的，对接超级购物中心，标准化管理就是核心能力；而茶马古道专注于开一家单店，核心可能是厨师，这样就注定做不大。

还有一个事实需要说明：几乎所有值钱公司的老板都是从赚钱开始的。

朱海琴的云海肴开局并不顺利，在装修、经费、经营模式、营销方式上都出现了重重难题；马云当年的翻译社也维持得很艰难，他要从义乌把小商品倒卖到杭州以维持经营；李彦宏最初的生意是为新浪提供搜索引擎服务；马化腾曾想以 100 万元的价格卖掉 QQ，但并没有公司收购。

他们的故事告诉我们，先做赚钱的生意，然后逐步理解商业的本质，再做值钱的平台。每个成功的创业者几乎都走过了这样一条路。那该如何迭代自己？后面章节会详细讲述。

第五层：跨越认知鸿沟并执行好

能做到这点的老板不到 1%，而到达这一层的公司，在商业上，用一句诗来描述，就是"会当凌绝顶，一览众山小"。在这一层，老板们需要追求更大的社会价值，从而让自己的企业更有价值。

当然，即使到了这个阶段，还可以分为多个层级，像阿里巴巴和腾讯那样的公司是经济体级别的存在，它们是企业阶段的最顶端，它们的产品已经成为国民级应用，比如支付宝和微信。

为 2000 万分之一的你

通过以上对企业发展阶段的分析，你是否找到了自己企业的所在位置？本书针对的是企业处在一、二、三层的创业者们，也就是年营收在 1 亿元以内，员工人数在 300 人以下的中小微企业。

如果你的企业还处于最底层阶段，那么你的第一任务是活下去，最重要的思维模型就是单点破局。当你要钱没钱、要人没人、要资源没资源的时候，你只能集中精力逐一突破单点，后面我会用自己的经历举例说明如何走过这些破局点。

如果你的企业在第二层，那么你的第一任务是学会管理，要通过别人去达成你的目标，而不是全靠自己。这个阶段最重要的是理解客户，提供客户真正需要的产品。接下来的章节我会从老板、客户、员工三个维度来破解增长密码，帮助你迭代自己，用简单务实的方法让你成为一个依靠科学而不是凭感觉野蛮经营的老板。

如果你的企业在第三层，你的第一任务是学会系统思维。后面的章节中，我会把客户、员工和管理层中最关键的那条脉络梳理出来，让你明白商业背后的底层逻辑，迈过去，你就会成为一位非常优秀的企业家。

开启创业的黄金分割点

"如果你非常确定地去走一条路，其实你已经错过了走这条路的最好时机。""创业，本来就是成功概率不高的事件。""如果不想清楚就开始干，那么大概率失败。""如果完全想清楚再干，等你真正开始的时候，已经没有你什么事儿了。"

关于创业的时机，我们听到过许许多多"名言"，听得越多越困惑。那么，到底什么时间启动创业最好呢？图1-4给出了启动创业的最佳时间点。

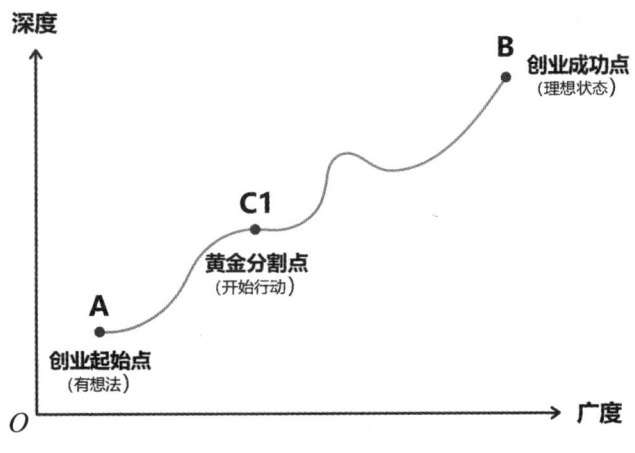

图 1-4　开启创业的黄金分割点

A点是创业起始点，也就是我们开始有想法、开始要着手干的时候；B点是我们传统意义上的、狭义的成功点——创业成功点，也就是我们的事业达到我们理想状态的时候，是我们预设的目标点。小一点的目标，比如餐厅效益好并且能开第二家分店了；大一点的目标，比如公司上市、市值 10 亿美元等，这都是 B 点定义的成功点。

从 A 点到 B 点并不容易，创业者会根据自己的能力和期望去选择相匹配的创业目标，也肯定会遭遇各种出乎预料的问题，一帆风顺几乎不可能。创业过程中每一个小小的选择都可能导致发展出不同的未来。前路难测，面面俱到、算无遗策对于我们绝大多数普通人来说，显然是不现实的。因此，从 A 点直接顺利规划到 B 点是不太可能的。

C1 点就是启动创业的黄金分割点。C1 点位于从创业起始点 A 点到创业成功点 B 点这一过程中大概 1/3 ～ 1/2 的位置。

在我看来，当创业想法已经完成差不多 2/3 时开始行动，是创业的最佳时机。字节跳动创始人张一鸣想清楚了"信息找人"，但如何规模化地做到，只能边做边迭代，他就是在这个黄金分割点开启了创业，即使很多知名投资人都没有看懂也没有关系。当然，如果一开始就想得非常明白最好不过，但大多数创业者没有这样的天分。

【课后作业】

思考题：你的企业处于"金字塔"的哪一层？你现在最大的困扰是什么？

002 讲 | 跨越鸿沟：赚钱 × 学习 = 值钱

创业者想要带领公司实现层级上的跨越，只有一条路径：学习。需要特别说明的是，这里的学习遵循乘法效应。

向谁学习

在回答这个问题之前，我们需要先了解什么是学习区。

美国心理学家诺尔·迪奇提出了行为改变三圈理论，最里面的区域叫舒适区，中间区域叫学习区，最外面的区域叫恐慌区（图1-5）。

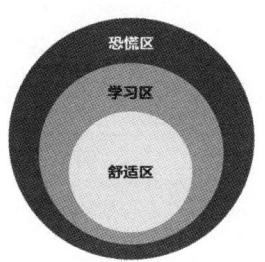

图 1-5　舒适区三圈理论

舒适区，顾名思义就是我们在该区域内每天都觉得很舒适，在该状态下，知识技能也都已熟悉掌握。比如在自己很熟悉的状态下工作和学习，对你来说，你就处于舒适区。

学习区就是要把人从舒适区里拉出来，去学习新知识、新技能，做有一定难度和挑战的事情。对大部分人来说，离开舒适区是一件比较难的事。

恐慌区则是指该领域的知识和技能你暂时无法学会。如果在一个区域里面，你会感到很恐惧，甚至不堪重负的话，这就意味着你进入恐慌区了。

我有一次面试一个员工，接触下来感觉挺好的，就问他为什么要离开原来的公司，他说原来的老板想用量子理论来管理公司，一天到晚给他们培训量子理论，公司上下都很受不了。他就是因为受不了了，所以决定离职。我听完之后就在想，这个老板其实就是把员工带到了恐慌区。对一个普通员工来说，量子理论这样复杂的培训内容是没法一下子吸收掌握的，且没有多大意义。

不可否认，现在有很多老板喜欢研究各类哲学，自己觉得很尽兴，也希望所有的员工都能跟上他的思路，一起学。这实际上是老板的一厢情愿，这种一厢情愿反而会把公司局面搞坏掉。这个案例，非常能说明这个恐慌区的问题。

从工作角度来讲，处在上面讲的三个区，会有不同的表现状态，简单总结就是**舒适区里很舒适，学习区里能学东西，恐慌区里无法学习**。同样，对于创业者自己而言，也需要在学习区里学习。

了解了学习区之后，我们需要找寻确切的学习目标。

对普通的创业者而言，向马云、马化腾学习自然可以，但不是最好的方式。因为他们的视角和思考的维度，你很难落地。我的建议是找一个 10 倍于你的人来作为学习标杆。

为什么是 10 倍，而不是 100 倍、1000 倍或是 1 倍、几倍呢？

假设你的企业现在的年营收大约 2000 万元，如果找一个 100 倍或者 1000 倍的标杆企业，也就是年营收在 20 亿元甚至 200 亿元的企业，这些龙头企业的商业逻辑所基于的条件是年营收 2000 万元的企业所并不具备的。因此，如果盲目跟随，你的学习效果并不会理想。另外，你也很难直接接触到这些企业的 CEO 或是总裁，哪怕通过间接学习的渠道，也只是碎片化地学习到凤毛麟角。而如果找一个年营收 1 倍或几倍于自己的企业，也就是年营收在几千万元的企业，其创业者或许还不足以获得你更深层次的认同和追随。

所以，年营收 2 亿元左右的创业者最适合作为你的学习标杆，出现在你的学习区。

找年营收 10 倍于你的企业，恰好高一个数量级，这个企业已经经过了你的企业的阶段，而且有一定的方法论。如果你愿意向该企业的管理者学习，那么他就是你最好的标杆，且找到他的可能性很大。如何找到他？两种方式：一是你对他有价值，二是付钱。

在我自己的公司年营收不到 1000 万元的时候，我跟一个制造业的大哥学习，他做工业密封设备，年产值大约 1 亿元。跟他在一起，我学习了很多基础的产业链知识、基础的管理构架和那时候比较稀缺的商业理念，比如"真正以客户为中心"，"积极融入大公司生态中"。

当我自己的公司年营收超过 1 亿元后，我跟问道中国的刘润老师学习，跟着问道中国走进很多知名企业，在现场刘润老师结合企业给我们讲述底层逻辑，很多思维方式都被我用到了实际工作中。我还跟混沌学园的李善友教授学习创新，那些思维模型简洁而实用。这些内容我将在后面的"思维模型"一章中做详细阐述。

学习什么

在确定了学习目标之后，我们应该从他们身上学习些什么？

第一，公司规模小的时候，最应该学习的是如何让客户满意，对客户有价值。因为在这个阶段，老板是最主要的销售员，老板能找到自己产品的定位，能有第一批种子用户，这是最重要的。当产品立住脚，客户满意之后，剩下的就是管理问题了。

第二，是学习如何管理团队。管理永远没有止境，让团队达成你的目标，你需要修炼的能力非常多。团队超过 10 个人之后，开始有管理层了，你不仅要管理下属，还要通过下属去管理下属，这是创业者的"管理关"。

第三，科学方法论。在本书中，我会给大家介绍非常有用的思维模型、销售管理工具、领导力落地工具。

第四，深刻认识这个时代，跟上这个时代。我们这个时代，1995 年至 2009 年出生的 Z 世代逐渐成为客户和员工主体，互联网化、知识碎片化、信息爆炸、快节奏是这个时代的特点。在后面的章节，我会给大家介绍，在这样的背景下，小公司如何借助品牌让自己的公司快速起飞；关注情绪价值，不管是对客户还是对员工；通过阿米巴模式精准激励，让管理变得轻松。

第五，底线思维。我们要规避最基础的风险，包括法律、税务、合伙人层面的风险等，我会用真实的案例来举例说明。

以上这些是创业者的必修课。在此基础上，我还建议大家学习一些通识类知识，包括历史、哲学等，也会有很大的收获。

如何学习

有了学习目标，明确了学习内容，接下来的问题就是该怎么学。对创业者而言，学习分为四个层面：正确地做人、做正确的事、正确地用人、正确地做事。每个层面，都有对应的学习方法。

1. 正确地做人，就是老板自身的修炼，这是自我认知层面的学习。关于老板的自我修养，我认为最关键的就是一个词：谦卑。为了热爱的事业，谦卑地活着——谦卑地对客户、对合作伙伴、对领导、对员工。总结为一句话，所有的问题都是老板的问题。在后面的章节中，我将详细阐述"谦卑"对于领导力的影响。

2. 做正确的事，就是要在战略层面学习，探寻底层逻辑，找到问题背后的"真问题"，就是修炼自己第一性原理的思维方式，也就是美国管理学家彼得·圣吉在其管理学著作《第五项修炼》中强调的系统化思维。本书后面章节中的"增长思维""思维模型""借用品牌"等内容都是战略层面的学习，可以让我们做出正确的选择。

3. 正确地用人，就是要学习人力资源相关知识，学习组织经营之道，关键词是同理心，还有通人性。本书后面章节中的"组织细胞""心理契约""做小团队"等内容都是组织层面的学习，只有学会正确地用人，才能务实地打造具有战斗力的团队。

4. 正确地做事，就是要学习战术，将战术概念化、模型化、抽象化（简化）——抽象化（简化）是为了更有效地思考，并找到问题的关键点。本书后面章节中的"客户第一""销售漏斗""情绪价值""风险防范"等内容大部分是战术层面的学习，通过"正确地做事"来务实地指导日常工作。

【课后作业】

思考题：你确定的 10 倍于你的企业是谁？其管理者作为你的学习标杆，你主要向他学习什么？

003 讲 | 做到极致：如何好好赚钱

作为创业者或者企业老板，终极目标都是把企业做大做强，在这个过程中，获取利润是企业发展的基础。

四类老板做不大

我几乎每天都在接触各类老板，我的 3 个微信号加了 10000 多位财税行业的老板，几乎每天都要回答各类老板的问题。总结下来，有四类老板，我知道他的公司一定做不大，除非他们改变认知和价值观。

怨天尤人型

他们抱怨员工不努力，抱怨客户麻烦多，抱怨同行挖客户，就是没有找自己的原因。

战略混乱型

看不清他们对企业的规划，他们习惯走到哪里是哪里，没有明确的目标。没有明确的目标就没有方向，团队也就没有目标感，效率也会很低。这类老板数量并不少，他们要把公司做大，除非谦虚地学习，提升认知。

单打独斗型

没有核心团队，抑或是从他们和员工的沟通中能明显感受到，他们无法信任别人。这类老板或者是受过伤之后不再相信别人，或者不知道该如何找到合适的合伙人，或者不知道如何跟互补的合伙人沟通和互相协同。这类老板很难把公司做大，除非他们真的认识到自己的优势与弱点，并掌握基本的组织管理技能。

野蛮经营型

不讲科学方法论，凭经验和自己的爱好管理公司。这样的老板也很多，他们之前获得了些许成功，多少产生了优越感，习惯用之前的"成功经验"，甚至是自己的爱好来管理公司。他们是低认知且自傲的一类老板，这类老板如果不虚心学习，就会被这个时代无情淘汰。

赚钱的冰山模型

那么如何才能好好赚钱呢？

我用这个冰山模型（图1-6）来说明。

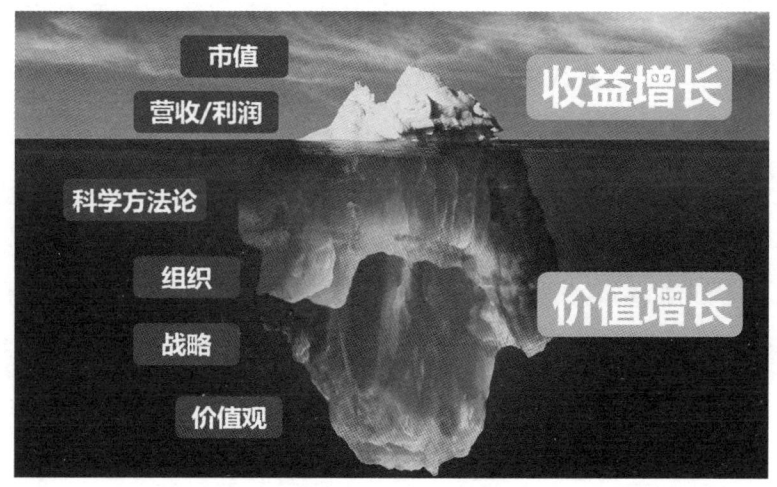

图 1-6　冰山模型

首先，好好赚钱，就是收益增长。经营公司，当然要追求财务指标，包括营收、利润，还有公司的公允价值，也就是市值。

其次，好好赚钱，就必须实现价值增长。其实，收益增长只是冰山上容易看见的部分。在漂亮数字之下的，才是达成增长的原动力。冰山下的部分就是价值增长，它支撑了冰山上的业绩。

冰山模型非常形象，90% 的内部动力，驱动了 10% 的外部业绩。也就是说，对每位老板而言，更应该花大量的时间和精力去建立内部动力。相反，如果没有内部动力，上面的业绩不可能实现，或者说，即使短暂实现了也无法持续。

四类老板如何做大

在冰山模型下，我用四类最基本也最重要的认知，来对应解决前述四类老板的问题。

关于价值观

首先是老板的价值观，正确价值观的第一条就是**"所有的问题都是我的问题"**。这不是一句敷衍的空话。

员工的问题是老板的问题，因为员工是你招聘和培训的，也是在你的激励机制下变成现在这样的。

客户的问题更是老板的问题，因为客户的需求是真实的，当你无法满足时，客户可以去找别人为他服务。况且难搞定的客户可以提升你服务的标准。当然，老板们能做的只有让自己的公司更有竞争力，而无法干涉竞争对手。

所以，当你认为所有问题都是你自己的问题时，你就会开始反思，进而想办法解决问题，而大部分问题都没有那么难解决。记住这句话：**"为了你热爱的事业，谦卑地活着，这是成熟企业家的标志。"**

这是冰山下方价值增长的"价值观"，对应解决上面第一类老板的问题。

关于战略

关于战略，我先抛出两句金句：**"战略就是选择，选择比努力更重要。""不要用战术上的勤奋掩盖战略上的懒惰。"**

很多人看起来很忙，但是忙的效果并不好。为什么会这样？因为很多人懒于思考，甚至还自觉非常聪明，在小事情上很认真，在重大事情上反而很随意。比如，当公司的销售业绩不佳时，老板们往往纠结于销售人员个人的业务能力和销售工具或是销售技巧。诚然，这些因素会在一定程度上影响销售业绩，但作为老板，应该从战略层面思考销售的问题，包括产品定位、销售策略等。

相对于考察销售人员的个人业绩，思考战略和产品，还要执行到位，是一个痛苦和困难的过程，所以很多老板选择忙于做简单的事情。因为懒于思考，有时候做选择反而容易，所以，看起来很勤奋，但是选择不对，也会导致效果不好。

如何做选择？下面这张著名的三环图非常经典（图 1-7），愿景（想做什么）、能力（能做什么）、资源（外部力量）三者的交集，就是你该选择的，也就是战略。

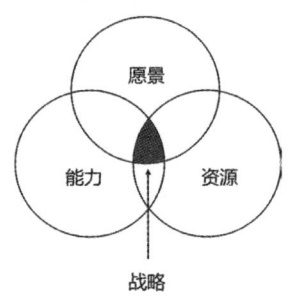

图 1-7　三环图

这是冰山模型下方价值增长的"战略"，对应解决上面第二类老板的问题。

关于组织

毛泽东有句名言："政治路线确定之后，干部就是决定的因素。"[①] 毛主席讲的是干部问题，也是组织问题。党的组织能力值得所有组织学习，当然也包括公司这样的组织。

对公司而言，组织包括合伙人、核心高管团队、中层和基层

———————————

① 《毛泽东选集》第 2 版，第 2 卷，第 256 页。

管理团队、基层员工。

这是冰山下方价值增长的"组织",对应解决上面第三类老板的问题。

关于科学方法论

公司管理是理论工具与人情的结合,但首先是科学。我们这里讲的科学方法论,主要强调用科学的思维方式来解决问题。

碰到问题之后,不是仅解决一个问题,而是要找到背后的"真问题",从而建立第一性原理的思维方式。如果核心团队能建立这样的思维习惯,公司的核心竞争力就会变强。

这是冰山下方价值增长的"科学方法论",对应解决上面第四类老板的问题。

【课后作业】

思考题:你是上述四类老板中的某一类吗?

---

004 讲 | 终局思维：创业者的成功人生

为什么要创业

我们为什么要创业？我们创业的初心是什么？这是每个老板都要问自己的问题。

首先，我们要获得更好的经济收益，这毋庸置疑是最基础的。每个创业者都想要获得好的经济收益，即实现财富的增长，这样就有更多的选择权。但这是结果，收益增长是冰山上的部分，真正支撑收益增长的是冰山下的价值增长。所以，每个人都只能赚到自己认知领域内的钱。

其次，我们要获得成就感。作为老板，最大的权力是假设权，假设成立一家公司是可以的，假设这样对待客户是最好的，假设招聘这个人是对的，假设这样设置薪酬体系是可以激发员工的……我们提出无数假设，如果最后的结果验证了我们的假设，那种成就感也许就是当老板最大的快乐。如果假设错了，我们也必须承受。更重要的是，知道为什么错，下次避免犯这类错误，这样才能继续突破和成长。

最后，获得自我的成长。创业的过程也是自我成长的过程。我跟随刘润老师走访青岛啤酒的时候，青岛啤酒前董事长金志国给我们分享了老板的三重智慧：博弈智慧，做生意每天都需要和外部世界沟通谈判，在共赢基础上达成自己的目标；定力智慧，专注于自己选定的方向，越专注就越能有创新，越能获得客户的认可，也就能获得越多资源；选择智慧，选择比努力更重要，这一点现在已经成为大多数人的共识了。如何选择，其实是战略问题。这些智慧只有通过创业过程中的不断学习和自我认知的提升才能获得。

我们也可以这样总结：当老板把自己的成长当成最重要的事情时，赚钱就是附带的结果。成长意味着认知迭代，成长的成就感是老板的最大幸福。假设被验证时的成就感，是创业者最大的收益。

回顾自己的创业历程，就我自己而言，我最初的创业动力来自我的母亲。我从相对贫困的农村走出来，想让妈妈开心，是最初的动力。"为了母亲的微笑，为了大地的丰收"是我的座右铭。99%的创业者拿不到融资，99%的创业者做不成平台，但是，99%的创业者能让妈妈开心，能让妈妈为我们骄傲。现在支撑我的心力是情怀，其实情怀是核心竞争力，当我们希望对这个社会有更大价值的时候，就会更加谦卑地活着。而为千万的创业者保驾护航，就是我现在的使命。

创业的终局

支撑创业的心力各不相同，创业的原因五花八门，因此，创业也会产生各种结果。

有一种创业，叫作创业即生活。比如马云、埃隆·马斯克，以及去哪儿网的创始人庄辰超。

我就从新锐创业者庄辰超的经历谈起。1994年，庄辰超被保送进北京大学，在大四那年，他设计了一款简单的搜索引擎爬虫软件，并获得了IDG资本5万美元的投资，这个软件后来被卖给了比特网（ChinaByte），庄辰超获得了一笔巨款；1999年，庄辰超创办了鲨威体坛，在2000年互联网泡沫时期，庄辰超将鲨威体育以1500万美元的高价卖给了李泽楷，于是24岁的庄辰超，成了亿万富豪；2005年，庄辰超从美国回来后创立了去哪儿网，跟携程展开正面竞争，去哪儿网的客户流量在很短时间内便超过携程。去哪儿网在2013年成功上市，2016年因百度与携程的换股交易，去哪儿网实际上被并入携程，庄辰超随即离开。之后他创办了便利蜂，仅用5年时间，便利蜂就成为拥有超过4000家门店的超级便利店连锁集团。

回顾庄辰超的经历我们发现，他的每一次创业都给他所在的行业带来了巨大的变革，虽然有时候需要直面与巨头的竞争，但他并不畏惧，他确信自己可以给客户更大的价值。连续的创业成功，使得庄辰超不再以赚钱为创业的目标，创业已经成为他的生活方式，是他生命的一部分，也是他生命价值的最好体现。通过严格的计算，选择一个可以有巨大成就的事业，然后下场，每次都风生水起。

有一种创业，叫优雅撤退。比如易趣网创始人邵亦波。

马云曾公开表示，如果2003年邵亦波没有卖掉易趣网，自己肯定不会成功创立淘宝。因为易趣网当时的市场份额一度超过80%，是中国第一个C2C电子商务品牌。1998年，邵亦波因家庭而回国创业，2003 年又出于家庭原因卖掉了易趣网，对他而言，创业不是生活，家庭的幸福美满才是他真正追求的完美生活。

急流勇退的还有摩拜单车的胡玮炜。2018 年她将摩拜单车以 27 亿元的价格出售给美团，个人套现超过 9 亿元。而另一位急流勇退的张旭豪则将饿了么以 95 亿美元的价格出售给阿里巴巴。他们都是在事业高峰时选择了优雅退出。他们退出，是因为看到了个人和企业的瓶颈，也体现了在惨烈市场竞争背后创业公司融入大生态^① 的商业规律，当然也因为资本的压力和自身利益。但无论怎样，在事业巅峰时选择优雅退出，是非常成功的创业结局。

有一种创业，叫悲情退出。比如大众点评创始人张涛。

2003 年，毕业于美国沃顿商学院的张涛回国后，在上海成立了大众点评。在发展初期，大众点评的访问量屡创新高。2006 年，红杉资本投资大众点评，大众点评开始在全国范围内扩张，小步慢走的策略让大众点评在当地培养了极强的用户黏性，确立了自己的市场地位。2015 年在红杉资本的裹挟下，大众点评与美团合并，采取双 CEO 的模式。然而，张涛和王兴的共同治理并没有持续很长时间，在红杉资本的推动下，美团最终占据了主导地位，张涛悲情离开。2020 年，"美团点评"彻底改名为"美团"。

有着同样故事的还有很多创业者，比如：格瓦拉电影票的刘勇、新浪网的王志东，还有曾经的史蒂夫·乔布斯。

有一种创业，叫负债累累。比如罗永浩、戴威。

北京大学学霸戴威在 2014 年创立 OFO 共享单车，先是得到金沙江创投朱啸虎的投资，此后一路融资数十亿元，但最后以失

---

① 指创业公司发展到一定阶段被大公司收购。

败告终，负债 20 亿元，被限制消费。

如今在直播界火热的罗永浩，也经历过跌宕起伏的创业人生。2008 年 6 月，罗永浩创办北京市海淀区罗永浩至圣嘉德培训学校。2012 年 5 月，罗永浩开办锤子科技。2019 年，罗永浩背负了 6 亿元的债务，离开了锤子科技。最终，在平台经济的有利形势下，他靠着在平台直播带货还债。

有一种创业，叫隐形冠军。比如吸管大王、古筝大王、羽毛球大王、纽扣大王……

中国有非常多这样在细分行业做到极致的创业者，它们的名字或许并不响亮，但却是各自领域的佼佼者。我的同学做密封垫片，成了核电站的供应商，是小巨人企业，也是隐形冠军。这类创业者的企业其实处于公司发展"金字塔"的第三层，他们是非常成功的企业家。

有一种创业，叫悠然自得。因为抓住了一次红利和机会，做了一个能赚钱的生意，但是又没有明确的战略目标，也没有太大的追求，更不想去学习，一边管理公司，一边享受生活。这样的创业者普遍存在。当然，这类老板如果用同样意思的贬义词来描述，也可以叫得过且过。

根据各自的结局，以上这些创业者可以被简单分为四类。

第一类：功成名就，名利双收。包括那些顶级的企业家，还有优雅退出的企业家。隐形冠军企业的创业者也属于这一类。

第二类：悲情退出，套现走人。像大众点评的张涛、格瓦拉电影票的刘勇。

第三类：悲情人生，负债累累。像罗永浩、戴威，希望他们有一天能像史玉柱一样逆转。我在最后一章也会讲解如何绕过那些坑，做好基础的风险防范，不要陷入这样的状态。

第四类：打理生意，悠然自得。这类创业者处于公司发展"金字塔"的第二层。事实上，他们自身有不少烦恼，企业处于高不成低不就的状态，努力一把能更上一层楼，可一旦放松警惕就会衰退甚至走到濒临倒闭的境地。所以，期待这类老板能用科学方法论武装自己，让自己和企业都变得更有价值。

就我自己而言，经历过草莽阶段，然后在第二层徘徊了三年，努力地到了第三层，从营收和规模上看我正处于第四层。我赚过小钱，卖过公司，也多次拿到过融资，正在努力跨越鸿沟。在这个过程中，我真心感受到了成长的快乐。当认知得到提升并被用于工作实践，自己的假设得到验证，那种成就感是我最大的快乐，也是我不停学习的动力。

【课后作业】

思考题：请举例说明一个你身边的创业者的结局，并说明你的看法。

CHAPTER
2

第 二 章

增长思维

每家伟大的企业，都有一个高速旋转的增长飞轮。

——刘润

005讲 | 增长思维：
增长才能解决公司发展的根本问题

　　我曾经见过一位财税服务行业的创业者，他的公司经营7年了，员工人数一直维持在十几人，年营收不到300万元。为了实现增长，他尝试过两次建立销售团队，但都以失败告终。2019年，他在市场上参加了"管理体系"课程后，为公司制定了很多管理措施，比如严格考勤、会议管理、做账质量控制、严格管理飞单等。但一年时间过去了，公司依然没有太大改变，甚至还有一名核心骨干离职，员工士气低落。

　　这位老板见到我之后，急切地问我怎么办。

　　我向他讲述了增长的逻辑，并鼓励他按照我说的执行。到2021年年底，其公司年营收翻了1倍，接近600万元，利润从50万元增加到了150万元，账面现金流接近300万元，效益的提升也让现有的30多位员工的工作热情高涨。

　　他是如何做到的呢？

　　第一，狭义的管理不能解决公司发展问题。需要说明的是，这里的"狭义的管理"，是指通过计划、组织、协调、控制等手段管理公司。比如制订销售计划、分解销售指标、协调资源、督促检查等。公司长期处于规模小、发展慢的阶段时，越管理越糟糕。对员工而言，收入没有增加，自身没有成长，也看不到公司蓬勃发展的希望，那么，留下来的员工大多只是为了赚一份工资，真正有奋斗精神的员工基本早已离职了。在这样的情境下，老板越是加强管理，员工越是反感。而实际上，老板也没有管理的抓手。比如，虽然公司规定员工不能迟到，但是即使员工违反了也不会受到太严厉的处罚，因为员工收入本来就不高；老板给员工定业绩目标，完成了有奖励，完不成会处罚，但是如果大家都完不成，老板也无可奈何；老板为了管控飞单，导致员工在被检查、被监控的状态下工作，情绪低落。

所以，对老板而言，要解决这些问题，首先不是加强管理，而是要带领团队，让公司营收增长起来。

第二，增长才能解决公司发展的根本问题。如果老板亲自上阵，逐步找到公司增长的办法，那么，当公司处于增长状态时，员工的收入会增加，公司的客户会增加，优秀的员工会成为主管，得到成长。在这样的正向状态下，公司迎来了变化。

少数跟着老板往前冲的骨干看到了希望，他们的收入增加，成为主管，主动思考公司在哪些方面需要加强管理，比如，为了高效服务客户，他们提出统一上班时间，严格考勤制度，高效开会解决客户的问题。原本处于中间状态的员工，看到公司有希望了，看到有人收入明显提高了，他们也更加积极了。而那些极少数依然消极的员工，老板则会直接让他们离开。

招聘也变得顺利起来，公司招聘到了几名优秀的员工，不仅做账质量明显好转，会计部也不用老板操心了。老板抽出时间带领两位伙伴做销售，现在 5 个人的销售团队，每月能做到 10 万元以上的业绩。

第三，经营的本质就是找到适合自己的正反馈机制。也就是说，老板要找到那条让自己公司越来越好的路径。公司越增长，员工收入和成长性越好，公司客户越多，公司营收和利润越多，公司越敢投入使得公司进一步增长。这样的机制就是正反馈。

第四，增长让管理有抓手。当公司进入这样一个"滚雪球"的状态时（图 2-1），老板和员工就会更有信心，而信心比黄金还重要。

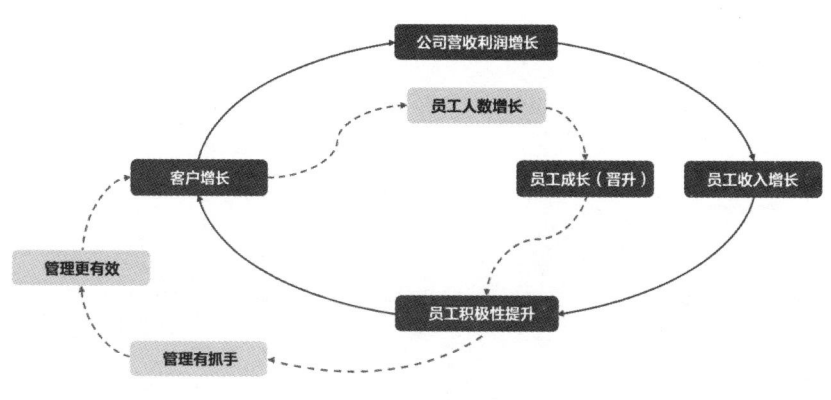

图 2-1 管理增强回路

这个时候，可以适当采用科学的管理手段，让这个雪球朝着正确的方向越滚越大。管理在这个时候也就有了抓手。因为在增长的情形下，员工在意自己的工作，在意自己的职位，在意自己的发展，在这个前提下，老板可以逐步完善公司的各项规则，也可以与核心骨干建立心理契约，达成共同的目标，很多管理游戏（如 PK 机制）都可以玩起来了。

【课后作业】

思考题：你的企业现在碰到的问题，能用"狭义的管理"方式解决吗？

006 讲 | 增长飞轮：正反馈机制

　　"飞轮模型"最初由亚马逊创始人杰夫·贝佐斯提出。如今，飞轮模型被用到了各行各业，下面我以服务行业的增长飞轮为例来阐述其是如何运转的。

增长飞轮下的良性循环

　　图 2-2 就是一个典型的服务业增长飞轮，我们可以用九个"越来越"的句式来对其进行阐释。

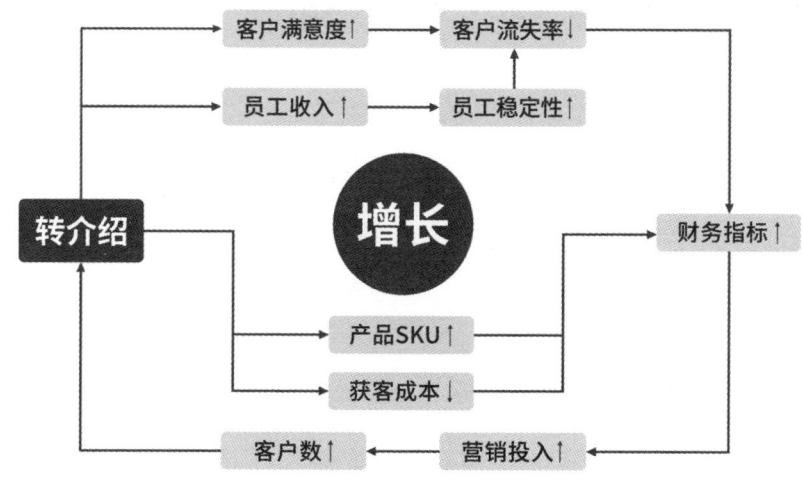

图 2-2 增长飞轮

1. 转介绍越好，客户满意度越高。

转介绍（增购 + 推荐新客户）即客户满意度。

我经常拿美发店打比方，理发前需要洗头，洗头的店员往往态度特别好。理发前的洗头，显然提成很少，但是他们为什么还要保持一个好态度呢？大家是否留意，在洗头的过程中，店员通常会有意无意地和顾客聊天，"先生住这附近吗？""经常来剪头发吗？"你一定听出来了，他们是想要让你办卡。他们清楚地知道，只有好的服务，才能让客户有意向和他们沟通，他们也才有机会进一步推销产品。

所以，为了营销，必须有满意度。

再以财税服务行业为例。我们的会计每个月都要跟客户进行沟通，进一步增强原本已经很强的客户黏性。实践发现，让已经存在的客户增购和推荐新客户（转介绍），是非常有价值的。如果我们对会计有转介绍指标，他们就必须想办法先让客户满意，他们就会在乎与客户的每次沟通。

所以，我们可以得出结论：只要转介绍做得好，客户满意度肯定不低。因此，转介绍＝满意度。（注：假设流失率和续费率处于正常状态。）

2. 客户满意度越高，流失率越低，续费率越高。反之，客户满意度越低，流失率就越高，续费率也就越低。

3. 转介绍越好，员工收入越高。

4. 员工收入越高，员工稳定性越强。

5. 员工稳定性越强，客户流失率越低。

3、4、5 都关乎员工的发展与成长。转介绍好，公司便能够在后端实现新业务的转化，公司营收就会增加，员工会因转介绍的业务获得提成，因此员工收入也会相应增加。而员工收入增加会使得员工稳定性增强。由于很多代理记账客户流失是由员工离职或者频繁更换会计造成的，所以，员工稳定性增强也会使得流失率降低。

6. 转介绍越好，产品品类（即 SKU，最小存货单位）越多。换句话说，转介绍会倒逼公司增加产品品类。

客户问会计："因为业务扩大，我需要增加医疗器械许可证，怎么办？"会计回答："这个证很难办理，我们公司没有这个业务，你自己去找办理许可证的机构去办理。"这是一段在代理记账部常见的沟通场景。

过去没有转介绍指标和压力时，会计们的绩效以做账的多少来体现，做账越多，提成越高。这会导致会计们不愿意和客户进行沟通，因为沟通会浪费做账的时间。

强调转介绍后，再遇到类似问题时，会计的思考角度和此前完全不同，他们会和领导提出："我有个客户，需要办理销售环节的医疗器械许可证，我们公司没有做过，但是这个业务利润高，而且如果客户找别的代理记账公司办理，别的公司有可能把这个客户挖走。老板，你要找到能做这个业务的资源。"

听到这样的建议，作为老板其实很高兴，因为你的员工在推着你往前走。员工倒逼公司增加了产品品类，从此以后，公司新增了这项业务。如果业务量大，员工还能自己建立团队和找资源，获得更高的利润。

7. 续费率越高、产品品类越多，营收和利润会越好。意思是续费率提升和产品增多能够帮助公司财务指标变好。

这不难理解，续费率提升，公司的营收和利润一定会增加；产品增多，可以向客户提供更多的产品和服务，营收和利润当然也会增加。

8. 转介绍越好，公司整体获客成本越低。从另外一个角度来说，后端财务指标好，降低了获客成本。

假设一个客户的获客成本是 1500 元，代理记账费是 3600 元。如果公司的转介绍做得好，除了 3600 元代理记账费收入外，还可以增加其他收入 1800 元。那么，相比于同行，获客成本就从 1500元降低到了 1000 元。[①] 而这个获客成本的降低，对代理记账公司来说是巨大的竞争优势。

9. 转介绍好会使公司营销预算越来越多，从而使得转介绍的

---

① 当获得了1800元转介绍收入后，收入由3600元增至5400元。5400元÷3600元＝1.5倍，1500元÷1.5倍＝1000元。故而收入为3600元时获客成本为1500元，收入为5400元时获客成本为1000元。

基数越来越大。财务指标好会导致公司更愿意增加营销投入，这并不是一件坏事，营销投入的增加能够给公司带来更多的客户，这又给员工增大了转介绍的基数。

如表 2-1 所示，从 1 到 9，形成了一个完整的闭环，在转介绍的压力下，员工发挥能动性，从而提升客户满意度，进而带来更高的转介绍率，公司的营收和利润会进一步增加，员工的收入也随之增加，在此基础上，公司投入更大的营销资金，以获取更多的客户以及更大的转介绍基数，如此循环往复，客户、员工、公司越来越好。

表 2-1　增长飞轮的"越来越"句式

1	转介绍越好，客户满意度越高
2	客户满意度越高，流失率越低，续费率越高
3	转介绍越好，员工收入越高
4	员工收入越高，员工稳定性越强
5	员工稳定性越强，客户流失率越低
6	转介绍越好，产品品类越多
7	续费率越高、产品品类越多，营收和利润会越好
8	转介绍越好，公司整体获客成本越低
9	转介绍好会使公司营销预算越来越多，从而使得转介绍的基数越来越大

这个"滚雪球"一样的增长飞轮是多么美好！如果你的公司建立了这样一个增长飞轮，你的管理还会很难吗？其实这个增长飞轮，在所有的公司都是存在的。

正反馈：再讲增强回路

我们在此前讲述"增长才能解决公司发展的根本问题"的时候，出现过一张管理增强回路图（图 2-1），公司处于增长状态时，客户越来越多，员工收入和成长越来越好，公司也会越来越好，进入"滚雪球"的良性模式。

讲到这里，我必须引入一个重要的概念：正反馈，或者叫"增强回路"。这是系统动力学里的一个重要概念，但对人生和商业都适用。

增强回路的原理很简单，就是形成一个闭环，在第一推动力的作用下，整个闭环开始从头到尾进行能量传输，不断强化，形成越来越好的趋势。当然，可以是"越来越好"，也可以是"越来越差"，越来越差的闭环，就是负反馈。

我们讲的增长正是使得管理越来越轻松的"雪球"，就是通过引领公司增长，形成了一条越来越好的增强回路，这是正反馈机制；而增长飞轮——转介绍好导致的一系列越来越好，即公司、员工、客户都越来越好，形成了一个闭环，这也是越来越好的增强回路，也是正反馈机制。

商业中的正反馈非常多，甚至可以说，凡是很成功的企业，一定是找到了自己的正反馈机制，并坚决执行的。

2011 年微信刚诞生的时候用户量很少，当时小米有款米聊软件，其用户数比微信多很多。但是微信快速推广和迭代，使得用微信的人越来越多，这样"滚雪球"式的增长，形成了一个巨大的网络，这个巨大的网络最终使微信成为移动互联网垄断的即时通信工具，而米聊则彻底消失。为了反击和抢占移动互联网的门票，阿里巴巴曾经斥巨资开发了来往，但面对微信海量的用户数以及由此产生的巨大的网络效应，阿里巴巴最终也"死"在了"来往"的路上。

正反馈方法论三步法

如何才能找到自己公司的正反馈机制呢？这里提供一个建立增强回路，从而形成正反馈的三步法。

第一步：确定增长要素

比如，对财税服务公司而言，客户满意度、续费率、员工收入、公司营收和利润、产品等都是关键要素，我们经营代理记账公司，就必须使这几个要素的表现越来越好。

第二步：找到第一推动力

就是要找到推动增长飞轮转动的那个"手柄"，只有让整个增长飞轮运转起来，才会形成"滚雪球"式的增长。对代理记账公司，尤其是代理记账部门而言，转介绍就是那个"手柄"，只要按下这个"手柄"，这个增长飞轮就会自动运转起来。

第三步：坚持执行

任何系统的增强回路，最初启动的时候一定是很困难的，而且过程中一定有各种阻力。但如果找到这个增长飞轮，就一定要坚决执行，而且必须长期坚持。

再强调一次，所有伟大的公司都长期坚持自己的增强回路，华为的"技术增强回路"、阿里巴巴的"电商增强回路"、腾讯的"社交增强回路"、字节跳动的"算法增强回路"，都是长期坚持的结果。

【课后作业】

思考题：找到你企业的增长飞轮，思考你的第一推动力是什么。

---

007 讲 | 增长公式：营收从哪里来

做好任何工作，都需要科学方法论。表达科学方法论的最准确方式是数学，数学是严密的纯逻辑。坚信基于数学逻辑的经营，这一点对管理者很重要。一方面，因为你坚信它，战略就变成了信念，你的执行力会强大到难以想象；另一方面，你可以对目标进行非常有逻辑的分解，从而使其在基层可执行。

任何公司的营收，都可以用以下这个增长公式来表达：

营收 = 客户数 × 客单价 × （1+ 复购率）×（1+ 推荐率）

公司的增长，表现在财务指标上，首先是营收的增长。而营收取决于客户数、客单价、复购率、推荐率。也就是说，要实现营收的增长，至少要在也只能在客户数、客单价、复购率、推荐率这四个方面下功夫，至少让其中一个增长，最好是四个都能增长。

列出这个公式后，我们的目标就非常清晰了，增长问题变成：如何实现客户数、客单价、复购率、推荐率四个指标的增长。

下面我将对这四个指标做进一步分解（图 2-3）。

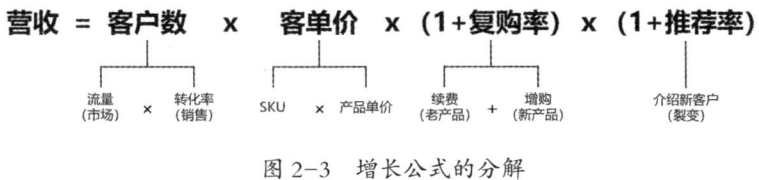

图 2-3　增长公式的分解

客户数

客户数是公司增长的最重要因素，这是规模化发展的基础，如果一家公司基础客户数很少，即便后面的客单价、复购率、推荐率很好，这家公司也很难发展成一家有规模的公司。

这个指标可被进一步分解为：客户数 = 流量 × 转化率。

对应到我们的日常工作，基础客户的增长是市场部门的责任。流量是初步的商机，应该由市场部负责，可以投入广告买流量，也可以通过线下拓展找流量，还可以找渠道合作由渠道带来流量。如果小公司没有市场部，那么总经理就应该承担这个责任。

而转化率是销售部的责任，对市场部导入的流量进行高效转化是销售的天职。

到这里，通过对这个公式的分解，我们明确了第一个增长责任和承担责任的部门。问题来了，一定有人会问：商机从何而来？哪种获客方式最有效？销售团队如何建立？如何建立市场部？对小公司的市场部和销售部该如何管理？销售主管如何制定基层销售的绩效？如何培训销售效率最高？……这些问题非常重要，因为成功的公司都是因为解决了这些问题才快速发展的。我们将在后面详细讲述。

客单价

客单价（per customer transaction），就是每个客户在我们公司成交的平均金额。还有一个说法叫 ARPU 值（average revenue per user），即每个用户的平均收入。

客户数确定后，让同一个客户在我们公司成交更多的金额，当然是非常划算的，尤其是对采取会员制（长期续费）商业模式的公司（比如财税服务）来说。这种商业模式下，获客成本虽高，但一次获客以后，客户能够长期续费。

接下来，我们继续分解客单价，客单价 =SKU × 产品单价。SKU 是最小存货单位，也就是产品。产品可以分为实物产品和服务产品，它们的最大区别是实物产品是有形的，而服务产品是无形的。

复购率

复购分为两方面：一是老客户续费，或者继续购买老产品；二是增购，就是老客户购买公司的新产品。

不同行业对这个指标的重视程度不一样。总体上讲，有这样几个规律。

2 B 比 2 C 的复购率高，一般 SaaS（软件即服务）行业的复购率都在 70% 以上。

快速消费品的复购率很高，因为大多是生活必需品。

互联网平台更重视复购率，也就是重视客户黏性。

单次消费往往不重视复购率。比如婚纱摄影、景区餐饮，这类单次博弈的商业行为往往是被客户投诉的重灾区。

但对于会员制商业模式的企业来讲，这个指标就非常重要，比如财税服务行业，一次获客，多年受益。如果续费率低，客户流失严重，整个公司一定非常糟糕。可以肯定地说，对这样的公司来说，续费率是公司最重要的指标，没有之一。

推荐率

如果我们把老客户服务好，老客户帮我们推荐新客户，这当然是成本最低的获客方式。

如何才能让客户推荐呢？要带给客户惊喜。当客户满意的时候，会续费或者继续购买老产品；当客户非常满意，会增购新产品；而只有当客户感到惊喜时，才会推荐他的朋友来购买。这里有一个常用的标准：客户是否愿意为你发朋友圈。当客户在你这里有受宠若惊的感觉或者遇到让他很有面子的场景，他会发朋友圈，这个动作其实就是在帮你推荐新客户（图2-4）。

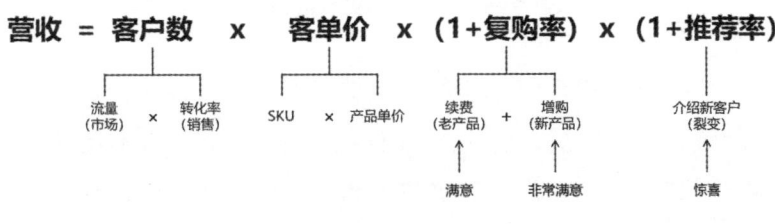

图 2-4　增长公式的分解——推荐率

在当前获客成本高的时代，尽量让客户满意、非常满意甚至惊喜，已经变成几乎所有商业行为的共识。

衡量客户满意度，有个非常知名也非常简单的评价标准，就是"净推荐值"（NPS）。净推荐值的计算也很简单，就是好评减去差评的差与调查对象总数的比率（图 2-5）。

$$净推荐值 = \frac{好评 - 差评}{调查对象总数} \times 100\%$$

图 2-5　净推荐值的计算方式

净推荐值的调查方法也很简单，你只需要问客户一个问题："你会推荐你的朋友来购买我们的产品吗？"

以 0 ~ 10 分为范围，邀请客户打分（图 2-6）。0 ~ 6 分，判定为差评，对我们很不满意，不仅不可能推荐朋友过来，大概率都不会复购；7 ~ 8 分，判定为中评，满意度一般，也不大会推荐；9 ~ 10 分，判定为好评，对我们很满意，很大可能会推荐。

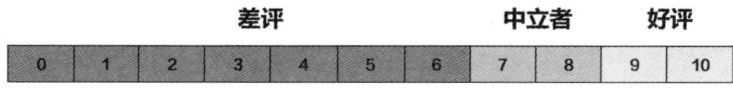

图 2-6　净推荐值的调查方式

为什么特别适合用净推荐值做满意度调查？首先，真实调查目的隐藏在问题背后，客户顾虑不大，调查结果会真实反映客户满意度。其次，净推荐值其实与复购率和推荐率对应，其逻辑与我们讲的增长飞轮一致。

【课后作业】

思考题：在这个增长公式中，你的公司最重视哪个指标？为什么？

---

008 讲 ｜ 增长模型：蝴蝶结模型

上一讲，我讲了重要但是有点枯燥的增长公式，这一讲，我用一个更形象化的模型——蝴蝶结模型（图 2-7）来表述增长。

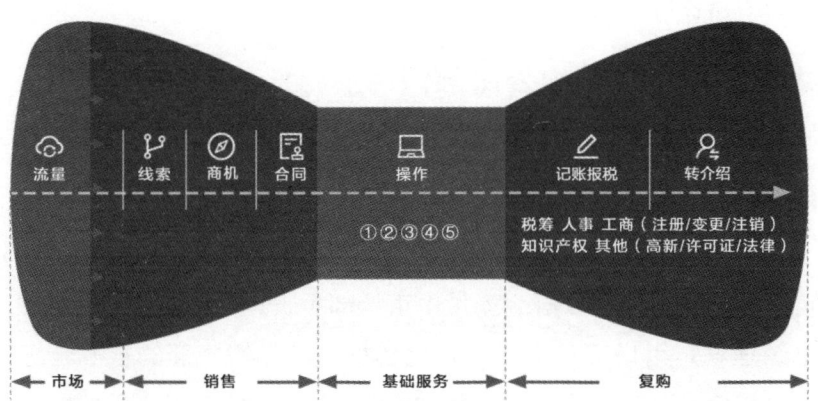

图 2-7　财税公司的蝴蝶结模型

蝴蝶结模型由两大漏斗组成

下面我依然以财税服务行业的蝴蝶结模型为例来解析。如图，这个蝴蝶结模型其实由两个漏斗组成。

左侧为营销漏斗，当客户流量进来之后，首先是获得线索（又叫 leads），这是有联系方式的可能意向客户的数据；经过确认，部分线索是有购买产品意向的，这就是商机；通过继续沟通，签单成为我们的客户，形成合同。每一个环节的筛选剔除都要付出巨大的成本。因此，这个漏斗的管理，就成了我们市场营销部最重要的工作。

右侧是成长漏斗，这个漏斗与左侧相反，客户对我们的服务很满意，首先会复购，留存下来；如果客户有其他需求，则会找我们增购；如果客户对我们的服务感到惊喜，会推荐他们的朋友成为我们的新客户，进而带来更大的流量。

蝴蝶结模型对应的公司部门

通过蝴蝶结模型，我们可以很清晰地看出公司各项增长对应的公司部门（表 2-2）。

新客户的增长，是营销漏斗的管理，这个指标应该由市场部负责。如果再向下分解，流量由市场部负责；小公司没有市场部，总经理就是市场部负责人。转化率提升则是销售部的核心任务。客户成长，也就是复购与推荐，应该由交付（服务）部门负责。

表 2-2　增长公式和蝴蝶结模型对应部门任务

部门	核心任务	核心指标
市场部	获取流量	流量的数量和质量

续表

部门	核心任务	核心指标
销售部	将流量转化为合同	销售漏斗各环节转化率
交付（服务）部门	产品交付、客户资源再转化	复购率、推荐率

穿透蝴蝶结模型：用户行为与营销行为

蝴蝶结模型是基于企业角度来分析增长，那么在每个节点上，从用户角度又该如何解读（图 2-8）？只有了解了用户，我们才能真正做好营销。

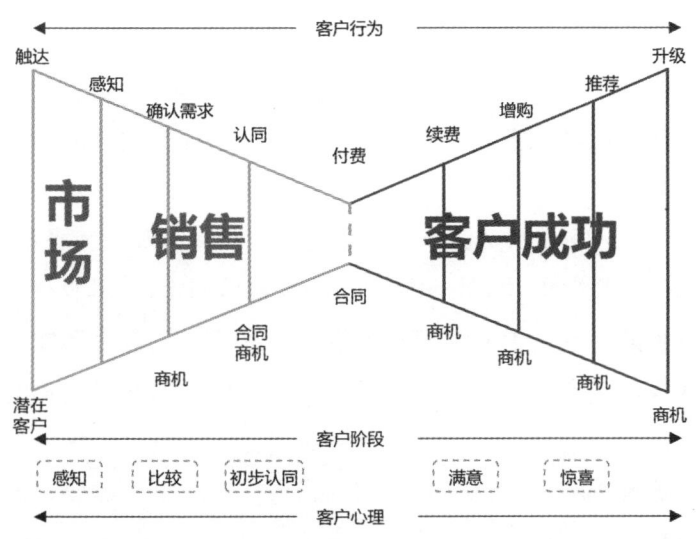

图 2-8　穿透蝴蝶结模型：用户行为与营销行为

上图是客户心理和相对应的营销行为的蝴蝶结模型。这个蝴蝶结模型与前面的增长公式对应，它是蝴蝶结模型背后的蝴蝶结模型。接下来，我将对该模型进行拆解，通过解读，大家会发现在市场营销中，有许多细节还有巨大的提升空间。

从触达到感知

不同的触达方式，客户的感知是不同的。

如果是线上营销，那么客户只能从公司的网站页面感知。所以如何在网页上让潜在客户感知到你的公司很专业，你的产品很酷，你的公司规模很大，这个业务你很熟悉等，这需要市场负责人和网页设计人员反复讨论，确定方案。

我最初在为政府园区招商的时候，把相关网站做成一个页面，用了最"官方"的风格，也就是简洁明了，没有过多的设计和装饰元素，因为越是这样，用户越觉得正规。此外，在页面上清楚地列出分税制下的财政体系，并辅以实际案例和计算结果，让用户一目了然，让潜在客户更好地感知我们、信任我们，从而能主动联系我们。

如今，公司发展成为一站式服务平台，会涉及众多服务产品，但在网站最显著的位置，我们展示了我们的上市公司股东、我们的专业团队，并附上知名客户的点评。这些会让客户感知我们是一家规模大、专业、口碑好，又关注客户体验的互联网化的代理记账公司。

网站是让网上客户感知我们的通道，在线下则需要一系列的销售道具，比如我们创业护航联盟（上海）税务师事务所有限公司①的业务包含不动产行业相关业务，我们精心设计了不动产行业财税解决方案的手册，与客户见面时，销售人员先向客户展示介

---

① 除特别说明，本书以下的税务师事务所均指创业护航联盟（上海）税务师事务所有限公司。

绍手册，通过这个道具让潜在客户感知我们的专业性。

对于服务业而言，把无形的服务外显给潜在客户就是感知环节，这个环节直接决定了有多少触达的客户来联系你。所以，我非常坚持：销售必须用精美的销售道具。比如手册类的文字介绍，以及视频、图片等视觉类的介绍等。举个例子，在给一家机械设备企业做营销咨询时，我们帮助他们拍了一个动画视频，该视频简洁明了地介绍了产品功能，以及与其他竞品的区别，深受客户好评。这些举措都是在感知这个环节下功夫，提升转化率。好不容易获取的流量，不能轻易浪费。

除了通过平面工具让客户感知，通过办公环境来让客户有沉浸式的体验，也是非常重要的手段。我坚持办公室的装修设计不一定要豪华，但一定要精致且体现出专业度。比如，我们公司从事财税服务行业，公司的会议室都以不同税种的名字命名，在客户参观公司时，让客户在无意间感知我们财税服务的专业度和专注度。我们还筹备了"创业护航营业执照博物馆"，将很多古老有趣的营业执照展示出来，让客户感受到我们是一家有文化、有追求、有格调的代理记账公司。在我看来，任何一家具有一定规模的企业，都应该设置展示馆，最好有个博物馆，即便是没有历史的小企业，也可以把行业的发展当成企业的历史，这样企业就有了厚重感。

我们把客户送给我们员工的锦旗悬挂出来，前台还摆放了我们的各种荣誉证书和奖杯，也是为了强化客户的感知。

从确认需求到认同

触达潜在客户，客户联系我们，我们跟潜在客户确认需求，在这个过程中，客户会做比较确认，如果得到确认就会认同我们，最后签订合同。

把上面的蝴蝶结模型顺时针旋转 90 度来看，其实就是销售漏斗，销售漏斗的每个环节都有衰减。管理每个衰减的环节，减少衰减，就是销售管理的本质，也是销售管理基本方法论。

潜在客户已经和我们取得联系，如果没有成交那就是我们自己的问题。经过测算，只要我们把主动联系我们的意向客户成交率提高 50%，公司的销售业绩就会非常耀眼。这个环节有太多工作需要提升。

从认同到付款

如果客户认同我们，那就到了签约付款环节。如果在前面的环节我们都提供了良好的服务，那么这一切都水到渠成，在实际工作中，我们一般会采用"假设成交法"，也就是帮客户做决定。

什么叫帮客户做决定？举个例子，潜在客户到公司面对面咨询贸易公司注册的事宜，这个注册的特殊点在于需要附带医疗器械许可证。现场销售人员进行了结构化咨询后，我们了解到客户公司销售三类普通医疗器械，年营收大约 1000 万元，属于一般纳税人，注册地址选在我们公司的医疗器械园区。我们与客户最终确定了服务价格为 1.2 万元，以及 500 元 / 月的代理记账费用。沟通到这一步，我直接拿出合同，让客户签字，在一系列理所当然的场景下，客户按照流程签署了合同。之后我安排操作人员与客户公司的工作人员进行进一步对接，准备注册的相关手续。

通过案例我想说明的是，在客户认同我们后，帮客户做决定，我们的独白应该是："我们就是你最好的选择，保证服务好你，现在就签约吧。"这种自信的假设成交法，就是帮客户做决定。

付费之后服务环节的客户行为

付费之后的服务环节，就是"服务即营销"了。我在增长飞轮里反复讲过，这是一个敞开的漏斗，一边服务，一边还可以增长。这就是我们财税服务行业的增长密码：交付很难，周期也长，很难一招搞定，但是在长期的服务过程中，处处都是商机，让我们有机会持续地做营销。客户满意，会进行复购；客户非常满意，会进行增购；客户惊喜，会向朋友推荐。

【课后作业】

思考题：在这个蝴蝶结模型中，你的公司最需要改善的是哪个环节？为什么？

CHAPTER
3

第 三 章

客户第一

以客户为中心，以奋斗者为本。

——任正非

009 讲 | 客户第一：
小公司做不到"以客户为中心"

你可能误会了"以客户为中心"

华为和阿里巴巴这两家顶级公司都有一个共同价值观：客户第一。华为的"以客户为中心"思想更是大家竞相学习的金句。但是，我们真的对"以客户为中心"有正确的认识和理解吗？

下面这个案例，或许会给大家一些启发。

广东有一家规模约为 50 人的财税服务公司，他们在全公司推行"以客户为中心"的服务理念，认为只要是客户需要的，公司就必须去满足。于是客户提出了五花八门的诉求，比如融资、买房摇号、深港车牌、上市辅导……结果，这些业务都没有做起来，融资和上市辅导一单也没做成，买房摇号和深港车牌收了费但没成功最终只能退款，其间还不时收到客户投诉，团队士气低落。

为什么会这样？首先，任何公司都没有能力满足客户的所有诉求。为客户提供不靠谱的服务，其实是伤害客户，而不是以客户为中心。其次，任正非的客户可能也需要好的房子，20 年前房地产是最赚钱的生意之一，但是任正非说华为坚决不做房地产。一方面是战略聚焦，也就是聚焦自己的客户；另一方面是尊重专业，中国不缺好的房地产公司，华为不在不专业的领域为客户提供服务。这是真正的"以客户为中心"。再次，"以客户为中心"不是客户需要什么，我们就提供什么。"以客户为中心"更多是在思想上以客户为导向，在自己的产品边界内服务客户甚至感动客户。

火车模式与汽车模式

企业老板有两种：火车司机和汽车司机。两者最大的区别是：从出发站西安开到上海，火车司机不能随意改变方向，必须沿着事先规划好的轨道前进；而汽车司机可以按照自己的意愿改变线路（图3–1）。

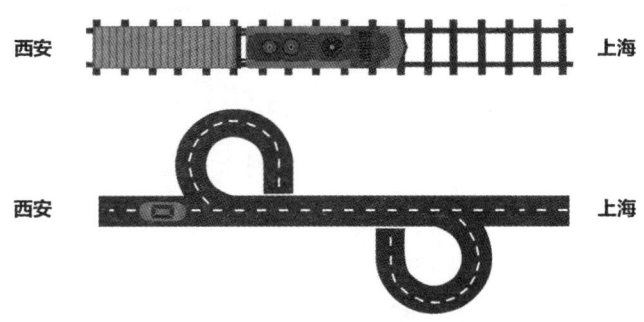

图 3–1　火车模式与汽车模式

两种老板对应两种经营方式。一种是事先确定好方向，确定好核心产品，把产品做到极致，把好的产品卖给更多的人。如果此时有另外的机会，要不要抓住呢？在轨道够得着的范围内，顺便抓住，但是不能影响方向，甚至速度，这就是开火车。另一种则是先出发再说，公司有核心产品，但是如果有其他机会，或者客户提出其他公司当前不能满足的需求时，可以偏离方向去抓住机会之后再回到主路上，这样做看起来抓住了更多机会，但是速度一定慢，而且岔路上的业务也并不一定赚钱，因为不专业。

对小企业而言，我们极力推荐火车模式，这样做的好处是：目标清晰，团队效率高；产品聚焦，能把产品做好，服务精准的客户。用任正非的话说，就是："不要在非战略机会点上消耗战略竞争力量。"对小公司而言，资源更缺乏，就更应该聚焦且目标清晰。

产品—客户矩阵

既然要聚焦产品，把产品做好，那就不得不谈到产品和客户的关系。我们将产品和客户这两个维度放在一起，就形成了一个矩阵（图 3-2）。

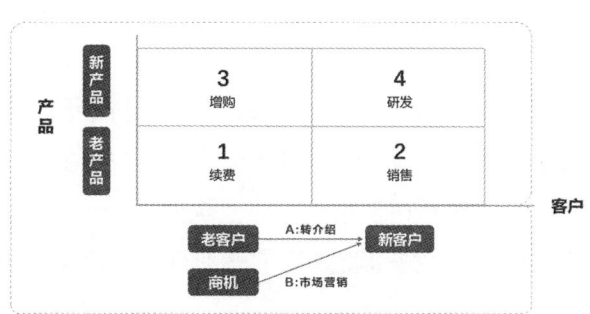

图 3-2　产品—客户矩阵

下面我们就矩阵中的每个维度逐一解析。

续费

老客户买老产品即续费（图 3-2 中序号 1）。这里主要指客户续费或者继续购买老产品，这是每个公司最重要的指标，也是这张图中最容易做到的。

销售

将老产品卖给新客户即销售（图 3-2 中序号 2）。把老产品卖给新客户，也就是说，老产品反复卖。这其实是任何一个公司都最应该做的事情。在电子产品领域，无论是苹果还是华为，它们都推出了很多产品，但总有一款核心产品在持续迭代，并且越来越强，比如 iPhone，比如华为提供给电信运营商的路由器和交换机。为什么会这样呢？

产品研发需要投入大量的人力物力财力，而已经得到市场检验的相对标准化的产品，没有研发成本；

市场已经形成共识，不需要再培育市场，节省了很多营销成本；

关于销售，团队已经有了一套相对成熟的模式，团队管理和培训比较简单；

如何交付，也有约定俗成的标准。哪怕是在没有国家标准的代理记账行业，通过长期服务也形成了行业内的约定俗成的交付标准。而标准的价值就在于它从总体上提升了行业的交付一致性，保证了产品的稳定性，这也就降低了整个行业的研发成本。

所以，已经成熟的老产品，应该被规模化地推向市场，这是销售的职责，也是续费之外最应该受到重视的指标，因为把这个做好才能实现规模化，而规模化能够带来成本优势。这也是坚持火车司机模型的表现。

增购

老客户买新产品即增购（图3-2中序号3）。老客户是公司最重要的资源，对这些资源进行转化是非常重要的。但是，转化前对产品边界的认定非常重要。你提供给客户的必须是相关产品，比如财税服务公司做高新技术企业认定的相关业务，比如餐馆顺便卖月饼。但是如果财税服务公司去拍车牌，餐馆去卖手机，就不靠谱了。

研发

把新产品卖给新客户即研发（图3-2中序号4）。我不建议普通公司做这件事，原因在于研发新产品是件风险极大的事情。研发的本质是验证假设，我们先假设某个产品符合客户的需求，然后定义产品，再进行小范围推广，然后迭代，再规模化销售。

这个过程对于小公司而言，总体上成功概率低，得不偿失。小公司的成功，大多是在某种渠道获得了客户，进而执行下去。对真正意义上的把新产品卖给新客户，我们必须非常谨慎。

总体而言，把新产品卖给新客户，本质上是开了另外一家公司，难度高且风险大。对规模小的公司而言，最好的办法是采取跟随策略，就是等其他公司研发出来、验证完毕再跟进，也就是在没有付出研发成本和市场探索成本的基础上享受红利。

通过产品—客户关系的矩阵图，我们也能对应找到员工工作的难度系数（表3-1）。

表3-1 员工工作的难度系数

产品—客户关系	类型	难度系数	客户满意度	员工奖励
老客户老产品	续费	1	基本满意	无（流失处罚）

续表

产品—客户关系	类型	难度系数	客户满意度	员工奖励
老客户新产品	增购	2	很满意	与销售同等
老客户推荐新客户	转介绍	3	惊喜	更高奖金

通过表3-1可以看出，续费、增购、转介绍，工作难度越来越大，对客户满意度的要求也越来越高，相应的奖金也应该不同。这与我前面讲过的蝴蝶结模型是一致的。

用客户思维管理公司

提倡"客户第一"的理念，就必须以客户思维为导向，用客户思维管理公司。具体体现在以下几方面。

第一，为客户提供真正好的产品。换句话说，如果我们自己做不出好的产品，其实我们就不应该存在，这样倒逼我们自己，我们才会是优秀的。

第二，制定市场营销战略和具体策略，遵循具有同理心和严格的流程，比如如何接待客户、如何介绍公司和产品等。

第三，用客户思维做内部管理。比如我们对员工的绩效考核，是以利润为导向，还是以营收为导向？我们采取的是以客户满意度为导向，客户满意之后，营收与利润其实并不会差。

总之，当我们遇到了难以选择的时刻，试着多从客户角度进行思考，答案可能就很明确了。

【课后作业】

思考题：在产品—客户矩阵中，你的企业又涉足几个维度呢？

010 讲 ｜ 让渡价值：客户付出了哪些成本

美国营销专家罗伯特·劳特朋教授于 1990 年提出了与传统的 "4P 理论" 相对应的 "4C 理论"。4C 分别代表消费者（consumer）、便利（convenience）、成本（cost）和沟通（communication）。

传统的 4P 理论主要从公司内部角度出发，来探讨如何做市场营销。而 4C 理论则是从客户的角度来反推市场营销的方法。但是，无论哪个角度，产品永远是市场营销环节中最重要的核心。从 4C 理论出发，还可以延伸出另一个重要的概念，叫 "顾客让渡价值"，这也是我这一讲的主题。顾客让渡价值指的是企业转移的、让顾客感受得到的实际价值。这个实际价值有一个计算公式：

顾客让渡价值 ＝ 顾客总价值—顾客总成本

顾客总价值

在顾客让渡价值的公式中，顾客总价值指的是顾客所得到的东西。

它包含两个方面。一是产品和服务价值，就是劳动结果。以财税服务行业为例，比如办理出执照、每月的做账报税等，这是我们最根本的价值，所以这些都是我们的基础产品中首先需要定义的。二是人员和形象价值，就是客户满意度和愉悦度。在客户接受服务的过程中，服务人员专业的耐心接待，办公室人员的热情和细致，这些会带给客户愉悦感，这类价值在现代社会是十分重要的，也有越来越多的客户愿意为此买单。

顾客总成本

公式中的顾客总成本里包含了四大成本。

第一，货币成本，通俗地说就是"钱"。比如财税服务行业，我们帮客户做注册、做变更、做代理记账，客户都要付费，这就是最直接的成本。

需要特别说明的是，这个成本不是成本的全部，甚至不是最重要的成本。

第二，时间成本。我们经常碰到的诉求是"快"，要快点出执照，这样就能快点收钱、快点开发票。在所有要求"快"的产品中，还可能包含"加急"产品。"加急处理"是我们这个行业里很重要的产品，而且可能收费很贵，因为我们是在帮客户处理工商税务银行相关业务，有时候时间就是金钱，客户也愿意为"快"买单。因此，这个成本是我们必须高度重视的，而且要有对应的产品和价格。

根据多年的经验，需要特别指出的是，我们要明确知道客户"急"之所在。比如，如果客户急于联系业务，那么在公司名称核准后就可以准备公司 logo 和名片了，名称这一项就得加急处理；有的客户急需银行账户收钱，那么我们必须在名称、执照、银行这三个环节都加急。

第三，精力成本。比如教育培训行业，学员付费购买课程后，还需要花费大量的时间和精力学习，这个过程对于成年人来说并不容易。所以，对于教育培训机构而言，为了达到让学员能够在有限的精力中获得最好的学习效果的目的，需要对教学过程、环境、老师进行管理。而在财税服务行业，我们的产品也需要客户的配合。比如出名称时，需要客户参与出主意；出执照时，需要客户签字；在办理税务相关事宜时，还经常需要客户一起去税务局报到；办理银行开户时，甚至还需要客户接受工商局、税务局的约谈等。每一个环节的参与，对客户而言都是时间和精力的付出。

我在前面说过，客户不仅关心货币成本，还会关心甚至更在乎很多其他的成本。在这种情况下，我们要做的就是努力做好准备和安排，专业地梳理流程和问题，让客户在最短的时间内处理完所有流程事项。当客户满意度提升时，他们对价格的敏感度会降低，也会更愿意把业务交给我们。

第四，搜索和比较成本。以财税服务行业为例，客户为了找到一家可靠的公司来做代理记账，可能要费一番心思进行寻找和比较，这里就会产生一个搜索和比较成本。从顾客的搜索和比较成本，可以倒推出产品提供商的品牌溢价逻辑。品牌为什么会溢价？为什么同样的一款包，有的能卖到数万元，有的只价值几百块？这是因为品牌一旦建立起来了，也就建立起了客户的信任度，有了信任度，也就帮助客户节省掉了搜索与比较成本，反过来品牌也能要求更高的产品溢价。所以，品牌建设非常重要，它直接关乎利润。

顾客让渡价值

在了解顾客总价值和顾客总成本之后，通过公式了解顾客让渡价值就变得容易很多。当顾客减少了一些其他成本，比如搜索和比较成本、时间成本等，在我们为客户提供的总价值不变的情况下，顾客让渡价值，也就是顾客感受到的实际价值在增加，顾客的满意度也就得到了相应的提升。

以教育培训行业为例，当客户支付了培训费用之后，实际上还需要付出其他的成本：比如额外的货币成本，包括到培训场地的机票费用等；更多的时间，客户需要花时间进行学习；精力成本，培训期间需要额外投入的精力。所以，对教育培训公司来说，研发好课程，让优秀的老师深入浅出地讲解，让学员更容易吸收和掌握，这就是降低客户的成本，也就能带来更高的客户满意度。

再以京东为例。为了减少客户等待包裹的时间，满足客户"及时性"的诉求，京东在自建物流上的投入巨大，但同时也形成了京东的核心竞争力。

【课后作业】

思考题：你公司的产品或服务中，有哪些需要客户付出时间和精力成本？

011 讲 | 占领客户心智：我是谁

市场营销的灵魂三问

做市场营销，首先要面对灵魂三问：我是谁？我的客户在哪里？如何触达客户？

如何定位自己，也就是把自己跟别人尽量区别开来，这是战略问题，就是要回答"我是谁"。

创业护航的定位是一站式企业服务平台，对应的战略口号是："关注您的核心业务，把行政事务性的工作交给我们。"这个定位表明了我们的业务范围。

经典案例还有星巴克，星巴克的定位为精品咖啡和第三空间。星巴克的口号"以更高品质的咖啡塑造独特的人文精神，让顾客感觉到咖啡香味与精神上的解放"，营造了一个以休闲为导向、让消费者感受到优雅舒适、有别于办公室和家庭的第三个空间。这个定位占领了白领阶层的用户心智。

国内的江小白，作为中国的白酒厂商，重新定义了白酒，它推出了一系列时尚喝法，将自己打造成了时尚小酒的形象。江小白的目标人群是 18~30 岁的年轻群体，为了紧跟年轻人的时尚步伐，江小白发明了 108 种喝法，创造了许多符合年轻人想法的语录，一系列的营销手段所打造的消费场景，让江小白在低迷的白酒市场异军突起，深受年轻人喜爱。

清楚了自我定位，明白了"我是谁"之后，"我的客户在哪里"这个问题紧随而来。如果定位一站式服务平台，那么老板集中的地方全是我们发掘潜在客户的地方，所以，我们的营销策略就是去老板集中的地方。如果定位工厂会计第一品牌，那么所有工厂都是目标客户。当然，产品交付能力也应该与之匹配。如果定位精品咖啡和第三空间，那么对生活品质要求高的人群，尤其是商务人群，都是目标客户。如果定位时尚小酒，那么年轻人就都是目标客户，这打破了白酒传统的年龄定位，获取了特定的市场。

定义了"我是谁"，也明确了客户在哪里之后，接下来的第三个问题就是："如何触达客户？"对于一站式服务平台来说，老板们是目标客户，在营销方式上可以采取线上投放广告、线下与商会合作的方式，实践表明，这样的方式效率很高。如果定位工厂会计，营销方式上可以采用到工厂集中的园区驻点，或到工厂老板集中的会议上做活动。

如何定义：我是谁

在灵魂三问中，最重要的是定位问题，也就是"我是谁"，这是所有公司最难回答的问题。在战略课程或营销课程中都会谈到这个问题，相关理论被称为"定位理论"。这个看似简单的问题，其实深刻得像一个无底洞，会引发无尽的讨论，但这个讨论的价值是巨大的，因为你一旦开始思考这个问题，也就表明你开始思考你存在的价值。如果能想明白这个问题，随后的一系列问题也就变得简单了。因为定位会触发随后的一系列决策，比如公司的资源投入方向和决心，也会决定公司的团队需要什么样的人，当然也决定了公司要获取哪些客户，如何去触达客户。

以财税服务行业为例，对于大部分从业人员而言，代理记账公司同质化竞争，并没有什么不妥。但纵观全世界的商业历史，好的生意只有两种，一种是差异化，一种是规模化。差异化就是有明显不同于其他同行业竞争者的特点，比如提供只针对工厂的财税服务；规模化就是通过规模建立成本优势，比如企盈中小企业服务平台，客户数量达到 1 万个以上。仅在代理记账行业也有不少差异化的特色企业，比如专注外资客户，专门做资质许可证，专门做自贸区业务，专门做某个园区，专门做高新技术企业，专门做工厂会计等。明显的差异化会带来相应的资源，比如专注外资客户的代理记账公司需要配备外籍销售人员、线上投放平台为谷歌、配备外语人才等，所以，定位决定了团队和营销方式。

发掘自己的差异点，需要从自己的优势着手，比如：老板是营销出身的，获客效率比别人高，那么公司的团队和资源可以被优先投入到营销上；公司具有某个特定的渠道，比如政府渠道，则可以优先把资源和团队投入渠道中。

当然，如果还不清楚自己公司的差异点在哪里，或者还不愿意去思考和探索，那么，就要努力往规模化方向发展，规模大会带来成本优势，这其实也是一种差异化。

我们需要再次强调，"我是谁"的问题非常重要，这个问题的本质是战略问题，如果能够思考清楚这个问题，你一定会梳理出企业的第一套愿景、使命、价值观，也就是公司想解决什么问题、达成什么目标、有什么样的原则。确定这些问题并付诸实施，就是一个企业成熟的标志。

想清楚"我是谁"，确定企业的愿景、使命、价值观，是从老板转变为企业家的过程，也是企业创始人成熟的标志。

创业护航的三次定位：我是谁

回顾我自己的创业生涯，我也曾经历过公司定位的变换升级，从摇摆到笃定，从探索到坚持。

2007年，我刚进入财税服务行业，公司员工包括自己一共只有三人。当时我给公司的定位是上海崇明园区招商代理，这是第一次定位。我们同崇明园区签署协议，崇明园区授权我们公司为市区办事处。这样，我们以政府的名义招商，并不用宣传公司名称和品牌，连网站也是为崇明园区宣传的页面，且只有一个页面。因为当时资源有限，我们只能服务一个园区。当时我们的营销方式只有两种，一是在网络上推广崇明园区的优惠政策，二是在各类老板参与的活动中现场讲解崇明园区的优惠政策。

我们当时将有限的时间和资金投入唯一一个业务方向——崇明注册公司上，一场会议讲解能收获几个客户。如今我对政府财政分税制了如指掌也是那时候打下的基础。有趣的是，许多老客户还亲切地称我为"何主任"。

2011年，公司发展到一定规模，客户的各种需求开始出现，我成立了企盈中小企业服务平台，定位为一站式企业服务平台，客户数量在短时间内就超过了2000户，也开始涉及多种业务，与多个园区合作。这时候的网站也改为一站式服务平台，丰富了产品品类，团队也开始转型。我们邀请了各业务线的专业人才加入后，知识产权、人事业务等逐步开展起来。这是第二次定位，也算是战略升级，由此我的资源和精力以及公司的获客方式都做了相应的调整。

2015年，我从携程回归代理记账行业，开始搭建管理系统，坚持用信息化来推动公司的规范化和标准化，一直到2019年向全国推出摩羲云代理记账企业管理系统，2021年全面启动创业护航品牌，实施百城连锁计划。在这个定位的基础上，公司将资金投入技术开发中，我将精力放到为全国代理记账企业赋能上。这是第三次定位，我的资源和精力也做了相应的调整，客源也从上海走向了全国。

客户数量从0户到1万个，公司员工从3人到600人。这三次定位转型，用了3个品牌，也是我们不断成长和成熟的过程，希望给大家带来启发。

【课后作业】

思考题：你的产品定位所瞄准的细分客户群是怎样的？

012 讲 | 复利原理：
服务即营销的终极秘密

服务鱼骨图

　　我们在平时吃鱼的时候会发现鱼骨的结构是由一个主干骨头和分布在主干左右两边的若干小刺组成，这些小刺和主干一起，构成了完整的骨架，掌控鱼儿在水里前进的方向。

　　我们的服务鱼骨图也是这样，在服务流程的这条主干上，衍生出许多服务的细节，这些细节和服务流程一起驱动和决定着整体的服务质量的提高。

　　这么描述你或许有些难理解，我举几个例子你就能明白了。

　　比如，我们去一家餐厅吃饭，这家餐厅的装修和环境一般，我们进门后或许心里多少会给这家餐厅扣点分；坐下之后发现，这家餐厅桌上的餐具很有创意、有特色，而且每张桌子上都放着一束鲜花，那么我们心里又会给它加上几分；点单的时候，叫了好几遍服务员才来，我们心里又会犯些嘀咕——"服务这么不热情"；但是，好在菜品的口味还不错，最后结账买单的时候也比较方便顺畅，又会挽回一些分数。

可以看出，我们去一家餐厅吃饭，从走进餐厅到用餐结束，我们要经历餐厅提供的各种服务，虽然大部分时候我们只是会对服务的总体印象给出自己的评价，不会细到每个环节给多少分，因为我们毕竟是顾客而不是评委。但是，从餐厅的角度来说，顾客的总体印象是由各个服务环节和细节组成的，只有强调细节，才能提高整体的服务质量。

这也是我研发服务鱼骨图的灵感。服务鱼骨图（图3-3）就是根据服务流程所建立的服务节点分布图，它能够帮助服务型企业完整梳理服务流程的所有环节，避免遗漏，从而有针对性地改善和提高各环节或节点的服务质量，最终实现服务整体效果的提升，达成营销目的。

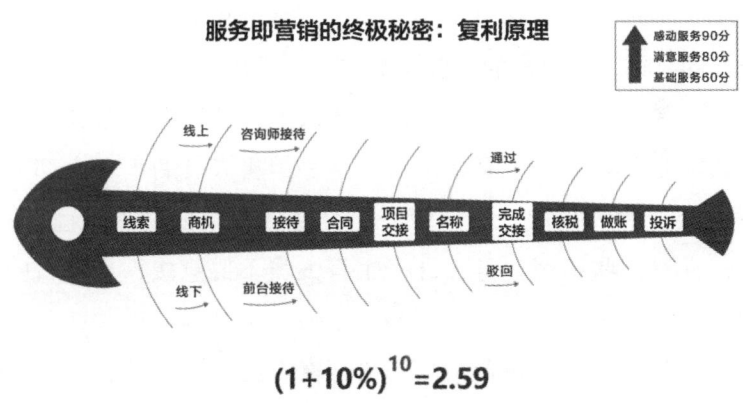

图3-3 服务鱼骨图

在我们财税服务行业，鱼骨图上的主干主要由线索、商机、接待、合同、项目交接、名称、完成交接、核税、做账和投诉组成，虽然这具有一定的行业特性，但我相信，在所有的服务行业中，都能够找出类似的环节进行对应。比如：在餐饮行业也有接待、交接、投诉；在房产中介行业，也有商机、接待、合同、项目交接等环节。所以，不同的服务行业都能在这些环节中找到对策。

服务鱼骨图想要强调两个关键点：一是服务即营销，重视服务的每个环节，因为每一个服务都是成本项，但这些成本项都可能变成营销的机会；二是复利原理，每个环节的小幅提升都能够使最终结果产生倍数的增长。

服务即营销

也许很多从事服务行业的人都知道服务就是营销的道理。但其实很多人忽视了一点，那就是对于服务行业来说，服务只是手段，营销才是目的，所有的服务是为了实现营销的目的。在这个过程中，通过服务的细节是能够直接实现营销的。因此我们所说的服务即营销，重点是强调要将成本项变成营销机会。

举个例子，房产中介公司的销售人员，他们提供服务最直接的方式就是陪客户四处看房选房，这些销售人员的工资大部分来自对成交金额的提成，所以成交金额越大，他们的薪水就越高。因此，针对一些租客业务，许多销售人员不愿意接，为什么呢？因为租客的要求并不比买房客的要求低，满城奔波耗时耗力，交通成本、时间成本的花费跟陪同买房客看房是一样的，然而，租客即便最终成交了，租金的金额也远不及一套房的销售金额。这么算来，投入回报比特别低，不划算。

但事实真的是这样的吗？显然不是。我们说，任何一个租客都具有买房的潜力。他今天租房,不代表他一辈子租房;他租房,不代表他的亲戚朋友也租房。那怎么把服务变成营销机会呢?陪客户看房通常要半天、一天,甚至好几天,在这长时间的"亲密接触"中,你能够了解到客户的性格,他的朋友圈、关系网,以及他对未来的打算。这有什么用呢?未来的打算就关系到他是否有买房的计划,了解他的朋友圈和关系网就能了解他的亲戚朋友是否有买房卖房的打算。这么一来,这个陪租客看房的成本项就转变成了具有很大潜力的营销机会。

而且,租房服务本身就是一项具有很强黏性的服务,如果一个中介销售人员在初期能够提供满意周到的服务,那么租客即便要重新找房子,也很可能选同一个销售人员,毕竟通过首次合作后,他能够了解租客的需求和喜好,从而精准地进行推荐。同样的道理,如果租客想要买房的时候,也会找同一个中介。

所以,当把运营成本变成营销机会的时候,动力就不一样了。

由此我们可以得出一个结论:那么多的成本项,我们都可以把它们变成营销机会。每一个跟客户接触的点,都是我们的营销机会点。这就是我所说的"服务即营销",通过改变传统思维,既改善服务,又增加营销机会,何乐而不为呢?

复利原理

什么是复利原理?简单来说就是"利滚利"。这是一个次次递增的过程。复利原理跟我们的服务鱼骨图有什么关系呢?

我做过测算,那么多的服务节点,都是对同一个客户的,如果每个节点的客户满意度提升10%,结果就是,1加上10%的10次方,最终结果就会是2.59。也就是说,只要每个节点的服务都提升 0.1 个点，以 10 个服务节点来算的话，最终的服务效果将会是原先的 2 倍多。所以说，我们的服务鱼骨图不是单纯的理想主义的空中楼阁，而是有科学数据支撑的可行性方法论。

有了这个复利原理的科学依据，如何执行从而实现复利的结果呢？当然，光有概念是很难执行的，这时候就需要我们对服务标准进行量化。

我将服务的标准，设成三个等级，每个等级对应一定的分数：

基础服务，60 分；满意服务，80 分；感动服务，90 分。

举个例子，一个美国人去中餐厅吃饭，服务员在接待他的时候：如果只是告诉他，你订的位子在 205 包房，让他自己去，那这个服务大概就是 60 分，属于基础服务；如果服务员还为他领路，带着他走到了该包厢，并且及时送上菜单，面带微笑地讲解菜单，做了推荐，并且帮他摆好餐盘、倒好茶，这就算是让人满意的服务了，就能得 80 分。

如何达到 90 分、达到感动客户的程度呢？这就需要在服务细节花更多的心思。比如这是一位美国客人，身在异乡他国，如果在他就餐前，餐厅先用美国风情的装饰品装点包厢，插一面小星条旗，那当这位美国客人进来后，他一定会感到惊喜和感动，进而对这家餐厅的印象特别深刻。这就叫作给客户惊喜、感动客户。

【课后作业】

思考题：在你的公司里，有什么能达到 90 分从而感动客户的服务案例吗？

CHAPTER

4

第 四 章

组织细胞

政治路线确定之后，干部就是决定的因素。

——毛泽东

013 讲 | 组织赋能：领导与管理

宏观领导与微观管理

我们可以说马云领导了阿里巴巴，也可以说马云管理了阿里巴巴；我们可以说邓小平领导了中国改革开放，但没有人说邓小平管理了中国改革开放；我们可以说一个工人管理这台机床，但不能说他领导这台机床。

有时候领导和管理一致，可以互换，但有时候又不一致，不能互换。

下面这张表格，是领导和管理在具体内容上的区别（表 4-1）。

表 4-1　领导与管理的区别

学者	领导	管理
—	宏观	微观
—	战略	战术
—	决策	执行
—	方向问题	方法问题
—	更动态	更静态

续表

学者	领导	管理
刘澜	解决挑战性难题	解决技术问题
沃伦·本尼斯	做正确的事	正确地做事
约翰·科特	确定经营方向、凝聚团队、激励和鼓励	计划和预算、组织人员、监督与控制
约翰·科特	实现变革	维护秩序
罗纳德·海菲兹	解决适应性问题	解决技术问题

套用表格中的对比项，我将对本节开头的那段话进行进一步的解释。马云既要管理阿里巴巴的日常问题，又要解决阿里巴巴的挑战性难题。当然，对于日常的管理事务，他更多的是让他下面的干部去执行，而在不同阶段实现变革才是马云真正具有魅力的地方。召集18罗汉在湖畔花园启动阿里巴巴，秘密召集团队打造出淘宝这一电商霸主，这都是商业领袖的魄力。

邓小平带领中国人民改革开放，实现了中国的富强，这是了不起的领导力。

领导的对象是人，是团队；而管理的对象可以是人，也可以是机器。

对企业家而言，既要有管理能力，又要有领导力。

定义领导力

北京大学汇丰商学院教授刘澜认为，领导力就是带领团队，解决挑战性的难题。具体包含了三层含义。

第一，因为要解决挑战性的难题，所以领导力非常重要。公司从零开始，如何活下来？面对激烈市场竞争，如何突破瓶颈？

公司发展到一定规模，如何解决内部冲突？希望融资快速发展，投资人不认可怎么办？这些都是决定企业能否做大，甚至关系到企业生死的问题。能解决这些挑战性难题的领导人，就具有领导力；越难的问题解决得越好，就具有越强的领导力，也就是领导魅力。比如：马云、任正非。

第二，带领团队解决难题。如果是一个人解决难题，那叫解决问题；带领团队一起解决难题，才能实现变革。团队愿意跟随老板，这是每位优秀的创业者必备的领导力。比如史蒂夫·乔布斯在苹果的困难时期，用一句"你是想卖一辈子糖水，还是想抓住机会来改变世界"说服当时如日中天的百事可乐总裁约翰·斯卡利加入苹果。即使在自己一无所有的时候，依然能够说服优秀人才加入自己的事业，这就是领导魅力。

需要强调的是，领导力无关职位与权力，领导力源于责任。我女儿上小学期间，有一天回家向我描述了学校组织义卖活动的过程。当时全班一共有 8 个小组，我女儿所在的小组有 5 个小朋友，其中一个是班长。当看到别的小组的义卖收获很好，自己的小组却不尽如人意时，我女儿很着急，于是她主动召集其余 4 个小朋友一起商量，想讨论出一个好办法。有一个小朋友说，可以向大家吆喝；还有一个小朋友说，我们回家把值钱的东西拿来卖。最后我女儿说，我们的商品都是自己做的手工制品，每一件商品都饱含着我们想要助人的善意和心意，我想把这些故事告诉大家，让大家知道我们的商品是有意义的。她当场组织剩下的 4 个小伙伴，让大家召集了几十个家长和小朋友之后，她在现场进行了一场临时讲演，介绍了每件商品的故事。这样的方式获得了巨大的成功，不仅所有义卖商品销售一空，她也获得了大家的赞赏。

事实上，我女儿并不是特别擅长演讲，她也不是她所在小组的领导，为什么她却能在关键时刻承担起领导的角色？在这件事情里，她能带领大家去面对困难，去解决困难，能够让大家信赖，获得大家的支持，这实际上就是领导力。我后来问我女儿，当时为什么要这么做？她说，当时很着急，只想把商品卖出去，希望能有好的结果，不要浪费大家的心意。从这个角度来看，女儿对他们小组的成员和产品都有强烈的责任感，这种责任感驱使她站出来，号召大家解决问题。

职位和权力只是领导力的资源，从我女儿义卖的故事可以看出，即使没有职位，也可以有领导力。领导力源于责任。马云想担负起推动中国电商行业发展的责任，任正非想肩负起通信技术国产化的责任，张瑞敏想担负起拯救企业和中国家电的责任，埃隆·马斯克想担负起人类移居火星的责任等，纵观商业发展的历史，所有伟大的企业家都是因为想承担起了不起的责任，才具有领导力。

还要注意的是，只有好的结果，才能成就领导力。如果没有好的结果，再好的客户也会解约，再好的员工也会离开，再好的投资人也会不满意。因为在商业世界中，利益是最优先的选项，商业必须让利益共同体有好结果。马云在最初的时候并不具备领导力，连应聘肯德基服务员都失败了，但是在后来的商业世界中，他带领大家在电商的舞台上大放异彩，他也成就了自己的领导力。

我的领导力之路

回到我自己的财税服务公司，即便如今，我回看自己的领导力之路时，依然感慨万千：每一步的成长都是塑造自己领导力的基石。

在公司成立初期，我使出浑身解数获得最初的 200 个客户，有了几个人的小团队，这时候做业务主要靠我一个人，我还谈不上具有什么领导力，但当时我已经解决了第一个挑战性的难题：开启一份事业，让公司活下来了。

之后，我带领核心骨干，一边把交付做好，让客户满意，同时要想办法找到更多客户；一边要落实具体事项，还要继续寻找公司的核心骨干和合伙人。当公司规模逐步扩大，从 500 家客户到突破 2000 家客户时，我带领团队解决了一些挑战性的难题，这时候，我开始具有一定的领导力了。

在解决这些挑战性难题的过程中，我在实践中获得成长，也变得更加自信，这是创业者最大的幸福。

在公司进一步发展的过程中，我遇到的最大挑战是带领公司核心骨干成功实践了阿米巴模式。当初公司内部有许多人并不相信阿米巴模式，我没有急于说服他们，而是带领相信的人先做起来，让这些相信的人先富起来是最有力的证明。阿米巴模式不能激发能力，但能把有能力的人的积极性极大地调动起来。现在看来，当初所有的艰难和挑战都化为了后来成功的喜悦，对于我来说，带领团队实现这样的变革，并有良好的结果，这是领导力。

2017 年和 2018 年，我们得到了投资。在前期谈判的过程中，由于缺乏与上市公司沟通的经验，我和团队面临了一系列的挑战：规范公司此前的不合规行为，在投资人期待的基础上规划公司未来，促成内部核心团队达成一致等。在解决了这些难题之后，我们顺利完成融资，企业也进入了新的快速发展阶段。对于我个人而言，这是一次难得的成长经历，我的领导力获得了巨大的提升。

打造领导力的终极目标是服务好员工，要让员工轻松地赚钱。我们不仅要关心他们的工作，还要关心他们的生活；不仅要自己撩起袖子谈大客户，也要让团队成长，让他们更有能力。这是我们的自我要求，尽管这个要求有点高，但所有大企业的老板无一例外都是这样做的。

另外，大家也可以利用个人的特长建立领导力。比如，每年年会，我都会写一首诗送给我的同事；除了日常工作，我还愿意把我的经验总结成书分享给大家。当然，每个人的特长都不尽相同，或许是跑马拉松，或许是书法，大家可以透过种种特长展现魅力，个人魅力的展现是建立领导力很好的助推器。

最后我想强调，对规模小的公司而言，必须一边解决挑战性难题，一边解决技术性问题。也就是说，日常管理是基础，关键时刻带领团队实现变革必须有魄力。

【课后作业】
思考题：没有职位但是承担了责任，所以具有领导力。你有这样的时刻吗？

014 讲 ｜ 干部口诀：跟我来

　　有很多人想当领导，只有很少的人想发挥领导力。当领导，有更高的地位、更大的权力、更多的金钱，这是大多数人想要的，但是发挥领导力，要挺身而出，承担责任，解决大家的难题。

领导与领导力

　　2015 年，我和好朋友专程去了贵州。在遵义，我们参观了遵义会议旧址；在土城古镇，我们参观了四渡赤水纪念馆；在娄山关，我们参观了当年红军战斗遗址。

　　第五次反围剿失败后红军开始长征，血战湘江之后，面临覆灭的危险。这时候博古和李德的观点很"政治正确"——革命就是要付出牺牲的，必须坚持苏联指导下的"三人团"的指挥。显然，博古和李德更关注的是领导职位，而不是解决问题本身。与他们不同的是，当时毛泽东挺身而出，解决难题。尽管之后张闻天和周恩来都认为他可以担任总书记，但是毛泽东的行为告诉大家：让我来解决问题，而不是让我来当领导。这是真正的领导力，也是高超的领导艺术。

井冈山有一块大石头，上面刻的是毛泽东《星星之火，可以燎原》中的最后几句话，在被质疑红旗还能打多久之后，毛泽东满怀激情地写道："它是站在海岸遥望海中已经看得见桅杆尖头了的一只航船，它是立于高山之巅远看东方已见光芒四射喷薄欲出的一轮朝日，它是躁动于母腹中的快要成熟了的一个婴儿。"尽管现实还处于茫然与黑暗之中，但是希望正在悄然升起，新的未来正在悄悄孕育。每次读到这句话，我都会情不自禁地发出内心独白："跟着这样的人，我愿意。"

让我发出同样感慨的，是乔布斯说服百事可乐总裁约翰·斯卡利加入苹果时的场景，乔布斯说："虽然现在的苹果还不够好，但是我们会改变世界的。"

在毛泽东和乔布斯的身上，我们可以看到：领导力源于责任。

在战争片中，我们时常会听到战场上指挥者向士兵喊出鼓舞士气的两句话："跟我来"和"给我上"。细微差别却反映出了二者截然不同的态度——"跟我来"是领导，"给我上"是管理。

作为企业领导者，我们也应该反思，我们对员工是用哪种态度，是"跟我来"还是"给我上"？

"跟我来"

关于领导力，如果总结出一句最重要的口诀，那就是"跟我来"。碰到难题的时候，"让我来解决问题，让我来承担责任"。再进一步说，就是"跟我来，我知道方向，大家跟我来，跟我来会有好的结果"。

在我的公司逐渐发展壮大的过程中，我们也经历过无数次的

"跟我来"。2011年，因为股东分歧，我们需要把公司从合资公司分离出来，成立新公司，我和合伙人租了两间民房办公，本来就不多的同事看着公司寒酸的景象，信心全无。我没有气馁，组织大家开会，并告诉大家，从前我们可以做好的，现在我们一定可以做得更好。在接下来的日子里，我亲自带领团队谈客户、招聘、做推广，虽然没有很多资金投入，但是我们的转化效率高，公司很快满血复活。不到一年，我们就搬进了徐家汇核心区的写字楼。大家看到了结果，看到了希望，更加愿意"跟我来"。

2015年，公司发展遭遇瓶颈，合伙人当时焦虑地问我怎么办，我说，稳定发展内部，提升核心竞争力是关键，不用担心外部，市场足够大。我的这种坚定感染了核心团队，大家一起努力，真的渡过了难关。

2016年，为了实现规模，我们发动了"冬季销售战役"，全员总动员，倾注资源，最终实现了连续两个月月增订单1000单。这也是在用实际行动告诉市场："跟我来，我们能成为一家优秀的财税服务公司。"

2018年，会计部所在的办公楼层发生严重火灾，我第一时间到派出所，替换出在那里做笔录的同事。我告诉大家："我来，我是法定代表人，我来承担责任。"这是我当时的第一反应。事后许多老同事回忆起来都说当时深受感动。尽管当时不知道损失有多大，但是作为企业老板，我理当挺身而出，这也是告诉大家："跟我来，困难一定会过去。"后来，通过积极地与税务局和客户沟通，我们得到了很多的帮助，大家也一起携手走出了困境。

2020年，新冠肺炎疫情突如其来，公司立即成立疫情防控和工作小组，组织大家一边做好防护，一边居家办公。结果我们

2020 年的业绩同比 2019 年依然有大幅提升，即便是新冠肺炎疫情最严重的 2 月和 3 月都有较好的业务数据，做账报税也基本正常。这是在遇到重大不可抗力时，跟大家说："跟我来，一起来战胜疫情，一起来渡过难关。"

同年年底，公司还成立了税务师事务所，有许多非标准业务对我们来说都是新的领域，我带领大家边实践边学习，在我们现有案例的基础上提炼出可简洁描述的产品，比如在不动产行业，我们总结出一张房地产行业生命周期中的涉税服务图，这不仅是我们的原创，而且让客户一看就知道我们是专业的。在创新的时候，我想跟大家说："跟我来，虽然我们之前没有做过，但是我们一起来研究，一定会很专业的。"

这些我亲身实践的小故事，都是在不同时期和场景下，发挥"跟我来"的力量，有初创时期、有瓶颈期、有天灾人祸的时候，也有探索创新的时候，无论在何时，"跟我来"都是企业凝聚力的重要核心。

【课后作业】

思考题：你带领团队解决过什么样的挑战性难题呢？

---

015 讲 | 故事魅力：讲故事的艺术

我在前面内容中讲解过，领导力是带领团队解决挑战性的难题，管理是通过别人来实现自己的目标。那么，如何才能让别人愿意跟着自己一起干呢？如果只是讲道理，往往过于抽象，难以具有感染力，只有在情感上打动人，才能激发更多的人去行动——讲故事是打动人情感的好方法。

好故事的要素

什么样的故事才是好故事？好的故事至少要包含两个要素：形象性和贴近性。

形象性，指的是越是形象的故事越能打动人。大家还记得希望工程那个大眼睛的女孩吗？那双无辜而充满求知欲的眼神打动了无数人，让大家知道了希望工程，推动了希望工程的捐助行动。

贴近性，指的是故事的发生离我们越近越能打动人。距离分为物理距离和心理距离。身边的人与我们之间的距离是物理距离，在水滴筹上碰到身边的朋友，大部分人一定会参与。心理距离指的是与自己心理或情感有联结的事物与自己的距离，比如自己家乡的希望工程，这触动了大家的故乡情结。但如果是非洲的希望工程，无论是物理距离还是心理距离都显得遥不可及，因此捐款效果会差许多。

抓住机会讲好领导力故事

讲好领导力故事，有一个基本条件，就是故事中必须有听众。换句话说，你的故事，必须让听故事的人有代入感。无论你在讲自己的故事还是别人的故事，听故事的人必须要像照镜子一样照到他们自己。

顺丰快递上市敲钟，这是讲故事的好机会。创始人王卫是如何讲故事的呢？在这个敲钟的重要场合，他没有穿上正装，而是穿上了顺丰的工服；他没有带很多高管，带的是快递小哥、客服、货机机长。上市那天，顺丰给全体40万名员工发了10亿元红包，最少的也有1888元。

大家注意到，王卫是在这个最荣耀的时刻，用仪式和自己的行为讲关于顺丰的故事：我尊重一线的员工，那个被打的快递小哥我一定要为他讨回公道，一定要给他安全保障和荣耀。这样的故事，是讲给顺丰的员工听的，也是讲给顺丰的客户听的。特别是顺丰的员工，都在这个故事中看到了自己。对他们来说，自己在一家优秀的公司，为公司感到骄傲，如果自己努力工作，就会获得好的收入和荣誉。

显然，王卫的故事让顺丰的全体员工有代入感，像照镜子一样照到自己。

虽然小公司很少能获得在上市这样重要场合讲故事的机会，

但每个公司都有自己或大或小的仪式，比如年会，比如全员的工作会议，这些都是讲述好故事的平台。

讲好故事需要好方法

有平台、有故事，还需要会讲故事。讲故事的方式有四种。

第一，用嘴讲故事，这是最常见的。在我们公司每次新员工培训的时候，我一定会亲自介绍行业认知和企业文化这个板块，而每次介绍，我都会向新员工回忆我自己的亲身经历。

那是 2007 年夏天，我刚创业 4 个月，公司一共 3 个人，正是非常渴望客户的时期。有一天，一位客户让我上门沟通，我兴奋地赶到客户办公楼下，不巧电梯坏了，不得已我只能走 20 几层楼的楼梯，汗流浃背到了客户办公室。这位客户的基本情况是，公司业务为拓展培训类，每周末安排一次活动，每次大约收费 20 万元，其中餐饮、住宿、租车大约 15 万元，毛利润大约 5 万元。按照这个数据，客户需要缴纳 1 万元的营业税（那时候服务业需要缴纳营业税，税率 5%)，再扣除教练的工资奖金，客户公司的净利润很低。他们想到我们公司的园区成立新公司，享受财政扶持政策。

听到这里，我纠结了 10 秒钟。一方面我特别渴望把这个客户签下来，另一方面我发现客户的情况中有重要的疏漏，也就是其中 15 万元的餐饮、住宿、租车费用是缴纳过营业税的，按照 20 万元缴纳营业税，其中 15 万元的部分都存在重复缴税。出于专业和职业道德，我将实情告诉了客户，他们并不需要成立新公司，只要按照 5 万元的基数缴纳营业税即可。最终，我没有做成这单生意。

　　我之所以对新员工讲述这个故事，是想告诉他们，专业是第一位的，专业比诚信更重要，如果不专业，连诚信都做不到。即使客户有需求，我们要解决的也是"真正的需求"。这个我自己亲身经历的故事，是最贴近我们公司的企业文化的，因此我反复讲述。

　　第二，用道具讲故事。我前面说到，好的故事的要素之一是形象性，要实现形象性最好的办法就是用道具，通过道具让听故事的人亲眼见到、亲手触摸、亲身感受到，通过营造身临其境的效果达到打动听众的目的。我们公司在 2021 年成立了"营业执照博物馆"，我们收集了中国商业历史上各个时期的营业执照，从清朝的徽州府茶引到现在的科技公司，它们跨越数百年的时光，每一张执照背后都是一段传奇曲折的精彩故事。客户看到这些营业执照时，必然会对我们公司的文化厚度和专业深度产生认同感，进而大大提升信任度。

　　第三，用仪式讲故事。用仪式讲故事比用道具更进一步，因为它需要讲故事的人动起来。比如顺丰王卫穿着工服带领员工上市敲钟。再比如我们公司在销售周会上，给当周冠军发红包；在年会上，给优秀员工颁发奖状奖金，且每一篇颁奖词的内容，都是员工日常工作故事的总结和凝练。这种做法，就是用仪式讲好我们自己的故事。

　　第四，用行动讲故事。用行动讲故事和用仪式讲故事相辅相成，最著名的就是张瑞敏砸冰箱的故事。1985 年，张瑞敏走马上任海尔公司（当时是青岛电冰箱总厂）第二年的某天，他接到顾客来信，来信反映冰箱质量不好，于是，张瑞敏一不做二不休，率领班子成员，当众砸了 76 台不合格产品。这一砸，就砸出了一条"海尔路"，这条路通向世界。如今，我们可以把他的这种行为看作一次果敢和决绝的行动，也可以看作一次置之死地而后生的仪式。这个令人震撼的好故事，既形象又贴近，让人沉浸式地感受到了张瑞敏的决心，也让海尔公司全体员工从此有了质量意识。

【课后作业】

思考题：你在新员工培训时，会讲述什么样的故事呢？

016 讲 | 情景领导：
俄罗斯方块表格实施情景领导力

　　在领导力的内容中，还有一类叫作"情景领导力"，它主要是指针对不同下属的不同情况，采取相对应的领导方法。每个下属的状态是动态变化的，因此，我们必须关注变化，动态调整。

　　管理学上定义的情景领导力非常复杂，不仅让人看不明白，更是难以执行，我用最简单的方法——俄罗斯方块表格，让非常重要的情景领导力得以被简单执行。

管理者的三种能力

　　管理者的能力模型是 1955 年美国著名的管理学学者罗伯特·卡茨在美国《哈佛商业评论》发表的《高效管理者的三大技能》一文中提出的。他指出，管理者需要概念、沟通、专业三大能力（图 4-1）。

图 4-1　管理者的三种能力

第一大能力是概念能力。概念能力也叫抽象能力，越是高层管理者越是需要这个能力。在琐碎的日常事务中，找到关键点，并抽象成概念，这就是概念能力。

举个例子，公司该如何实现增长？从我前面提到的增长公式"营收＝客户数 × 客单价 ×（1+ 复购率）×（1+ 推荐率）"中可以看出，增长的三大关键点——客户数、客单价、复购率与推荐率，而且这三者之间是相乘的关系。我们进而可以分析出执行的重点：市场营销的核心是市场 × 转化率，客单价就是产品数 × 产品单价，复购、增购和转介绍是现有客户裂变的关键。这就是概念能力。同样，增长飞轮也是概念，服务即营销也是建立住对行业理解基础上的概念。

设想一下，如果没有这样的模型，我们从哪里开始呢？我们如何抓住重点呢？如何知道我们的想法是否完善呢？

可以肯定地说，所有成功的 CEO 一定有超凡的概念能力，或者叫抽象能力。通用电气曾经的 CEO 杰克·韦尔奇被称为世界第一CEO，他执掌通用电气 20 年，把通用电气领导成世界第一市值的公司。他推行六西格玛管理，几乎重新定义了现代企业，虽然六西格玛管理这个概念不是他发明的，但是他把这个概念理解得最深刻，用得最成功。马云并不是搞技术出身的，但是他最早将电子商务引进中国，这个概念能力成就了阿里巴巴；刘强东认识到物流在电子商务中的关键作用，这样的概念能力成就了京东；王兴在电子商务中细分出服务电商，让美团与阿里巴巴错位竞争，这样的概念能力成就了美团；张一鸣在"人找信息"的对面发现了"信息找人"的算法逻辑，这样的概念能力成就了字节跳动；马化腾在关键的转型时刻认识到了"即时通信＋移动互联网"，这样的概念能力成就了腾讯。

概念能力是管理者对复杂情况分析、诊断，进行抽象和概念化的技能。例如，面对困难，管理者必须看清问题，制订解决方案，选择最优方案。概念能力是高级管理者最迫切需要的技能，其实质上是一种战略思考及执行的能力。

为什么概念能力如此重要？首先，高级管理者必须能看透问题的本质，找到问题背后的"真问题"，这就需要将复杂的问题抽象化、概念化，抽丝剥茧，找出解决问题的方向，这是战略思考能力。其次，高级管理者必须提炼出简化的模型，只有实现模型化才能去除次要因素，才能找到关键点，找到解决问题的重点，这是高效执行的基础。最后，这个能力也就是认知能力，每个人都不能赚到认知范围以外的钱。

第二大能力是沟通能力，这个能力特别有意思，它对各层管理者来说是同等重要的能力，处在能力图的中间。也就是说，从基层到高层，这个能力都很重要。

沟通能力是与人共事，理解别人，激发别人的能力。许多人在技术上是出色的，但在人际关系方面有些欠缺。例如，他们不善于倾听，不善于理解别人的需要，或者不善于处理冲突。由于管理者是通过别人来实现自己的目标的，因而只有具备良好的沟通能力才能实现有效沟通、激励和授权。各层管理者都必须具备良好的沟通能力。

前面举过例子，在苹果公司的困难时期，史蒂夫·乔布斯说服百事可乐约翰·斯卡利的时候这样沟通："你是想卖一辈子糖水呢，还是想抓住机会来改变世界？"这是多么具有魅力的沟通。

沟通的根本是同理心，换位思考。只要你时刻想着去解决对方的问题，大部分沟通就会卓有成效。在我看来，一个心地善良、积极乐观，又善于学习和思考，还富有能力帮助别人的人，沟通能力都不会太差。其实，每个人都可以有很高的情商，不同在于，你是否重视对方。如果你很重视对方，你的高情商会恰如其分地表现在与对方的沟通上。

第三大能力是专业能力，主要是指技能，这也是基础能力。从普通员工变成管理者，从学生成为领导，一定是在某项技能上表现得非常优秀。在财税服务公司，要么你有很强的会计专业能力，要么你有很强的销售能力，要么你有很强的管理能力，你才会成为一个管理者。

但是，随着职位的上升，专业能力越来越不重要。马云是最典型的例子，他并不是技术专家，但是他有超强的概念能力，能认识到未来的趋势。比如关于云技术的重要性，他比懂技术的马化腾和李彦宏认识得更早，这成就了今天阿里云在中国的绝对领先地位。这个例子足以说明，越往上专业能力越淡化，概念能力越重要。

三大能力的不同层级匹配

再回到上面的能力四边形，我们可以看出，越是基层，专业能力越管用，因为可以解决很多具体问题。

沟通能力永远是重要的能力，对每个层级来说都同等重要，因为如果不能好好沟通，你的下属不愿意跟着你，你的同事不会好好配合你，你的上级很难理解你。所以，沟通能力是通用的重要能力。但是，沟通的风格和方式有很多种，有效沟通的关键是要做到让对方认同你。

越是往上，概念能力，或者叫抽象能力越重要。概念能力的提升至少需要做到高效地学习、拥有强烈的责任感、谦虚地自我反思、理论与实践结合，因此，概念能力也是最难修炼的能力。

基层管理者的俄罗斯方块能力

作为基层管理者，除了关注下属的沟通能力、专业能力，还需要关注员工的意愿。

在这张俄罗斯方块图（图4-2）中，1号员工的沟通能力5分，专业能力3分，意愿度7分。也就是说，这个员工意愿度强，很有机会成为一个优秀员工，但是专业度只有3分。所以，在针对该员工的管理方法上，需要重点加强专业性的指导和培训。2号员工的沟通能力5分，专业能力7分，但是意愿度只有3分。针对这名员工的管理，则应该将重点放在提高意愿度上。比如，是什么原因导致其意愿度不高。如果是在公司受了委屈，则要消除误会；如果是公司管理规则不公平，则要针对细则进行研究和更正；如果只是员工自身的问题，则要想方设法激发员工的工作热情。如果所有方法都已经尝试过仍不奏效，那就必须果断地让其尽快离开公司，减少彼此的损耗。

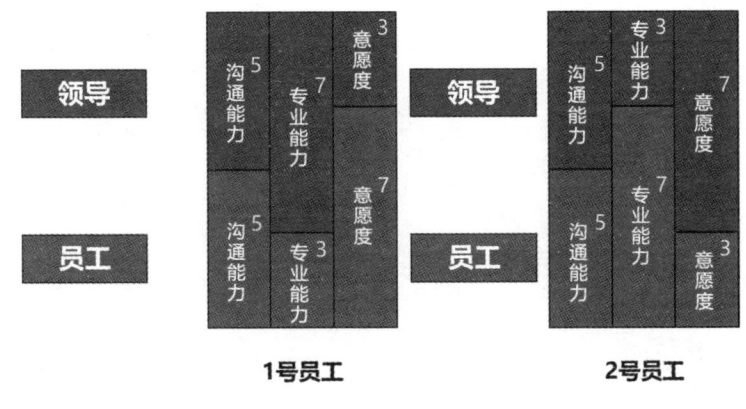

图 4-2　基层管理者

需要说明的是，意愿度高的员工不需要激励机制，而是要找到他们的短板，通过团队合作的方式弥补他们的短板，这就是组织的价值。

俄罗斯方块在高层管理者中的应用

对于高层管理者来说，在沟通能力和专业能力之外，还增加了一个维度——概念能力，也就是抽象能力，或者说提炼和萃取的能力。简单来说就是把优秀的同事的经验提取出来，总结整理成方法论，并推广普及到公司内部，进行复制。概念能力要求管理者有良好的逻辑思维能力，同时学习大量的思维模型工具。

在高层管理者对应的俄罗斯方块模型上（图 4-3），A 总监的概念能力 5 分，沟通能力 3 分，专业能力 3 分，意愿度 7 分。针对该管理者不需要施加过多的激励措施，而应该指导、培训其专业和沟通能力。B 总监的概念能力只有 3 分，但是沟通能力、专业能力、意愿度的分数较好，针对他需要提升其逻辑思维能力。

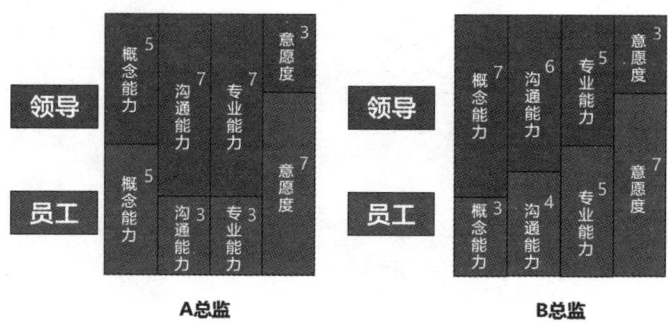

图 4-3　高级管理者

　　需要强调的是，员工的分数是动态调整的，一般来说应以三个月或半年为期限，观察员工的变化，并适时做出相应的管理调整。这就是情景领导力，如果一位领导者能做到柔性对待每位下属，也必将成为一位优秀的领导者。

【课后作业】

思考题：以你们公司的一位下属为例，参照俄罗斯方块模型对其打分，并找出与之相匹配的领导方式。

CHAPTER
5

第 五 章

思维模型

所有模型都是错的，但是有一些是有用的。

——乔治·博斯

017 讲 ｜ 战略三环：如何制定战略

选择比努力更重要，如果选择错了，所有的努力都是白费。

中国人很勤奋，尤其是中国的老板都很勤奋，但是勤奋并不必然导致成功。我们不要用战术上的勤奋掩盖了战略上的懒惰。如果战略不对，再勤奋也没有用。我们可以想象，如果勤奋就能成功，那这个世界上成功的人就太多了，显然事实并非如此。所以，我们必须花时间来思考和确定我们的战略。

另外，如果战略不明确，就没有目标，在目标不清晰的情况下，团队不可能有战斗力。

战略三环

什么是战略？管理学上有很多解释，我给大家总结了一个简单且容易实施的概念：战略是一个不断发展的，结合了愿景、能力和资源这三者的目标规划（图 1-7）。

所谓愿景，就是你的目标，未来想把公司做成什么样；能力，就是你现在的综合素质，能把目标和愿景实现到什么程度；资源，就是你能整合到的外部力量。战略就是将愿景、能力、资源整合，形成方法论。

当个人意志与公司战略不一致时

我在与很多中小企业老板沟通后，发现了一个非常普遍的问题——老板的个人战略和公司的战略并不一致。老板仅从个人角度出发，而不是从公司发展角度出发，公司不可能得到发展，而且，努力奋斗的忠臣们也发挥不了他们的能力。

曾经，一位老板找我沟通说，许多公司都在做电话营销，此起彼伏的说话声让公司现场显得嘈杂无序，他个人非常不喜欢这样的氛围。我听后问了他一个问题："你做这个公司，到底是为了这个公司的发展和盈利呢，还是为了这个公司能安静一点呢？"他突然就沉默了。我想，在他的内心深处，或许是出于个人原因对电话营销有所排斥，比如他为个人不擅长营销找了一个理由。

无独有偶，我还有一位在机械设备领域做企业的朋友，他带领团队花了7年时间研发出了技术领先的产品，公司年营收突破2000万元，但之后却遭遇发展瓶颈。我同样问了他一个问题："你现在扩大规模的瓶颈是什么？是生产能力、市场容量，还是服务能力？"他说都不是。我说："那就应该增加销售。"他的回答是："我喜欢搞技术，不想做销售。"我非常严肃地对他说："你喜欢什么不重要，你的公司需要你怎样做更重要。你和你的团队花了7年时间研发的产品，却因为营销问题而没有被更大的市场所认识，你实际上是对团队不负责任。"

这两个案例都有同样的问题：老板凭着个人的爱好和兴趣经营公司，而没有做出客观理性的战略分析。

　　影响公司战略的除了老板个人的因素外，还有股东们的意见。股东们的想法不一致是会严重阻碍公司发展的。要解决这个问题，股东们必须共同探讨出一个清晰的发展战略。只有战略足够清晰，才可能消除争议，让股东之间的意见实现统一。

　　所以，当老板或股东们的战略与公司战略不一致时，最简单的解决办法是理性思考并确定公司战略方向，调整自己的个人喜好，做正确的事情。请记住，你喜欢什么不重要，公司需要你做什么才重要。

公司战略发展的三阶段

　　我们现在拥有的能力和资源都是有限的，在有限的能力和资源下，我们该做出什么样的选择？制定怎样的战略？当战略清晰时，整个团队的执行才有依据，整个团队才会合力往一个良好的方向发展。

　　中小微企业的战略发展历程，大致分为这么三个阶段。

　　第一阶段，我称之为"活下来"阶段，也就是公司发展金字塔中最下面的那一层。以财税服务行业的公司为例，员工人数一般在 10 人以下，在客户数方面一年新增 200 家左右。在这个阶段，公司的愿景简单且实际，就是先活下来。这时候的资源和能力基本上就取决于老板。老板不仅是超级业务员，还是救火队长，兼顾政府公关和内部管理。在初创期这样的愿景、资源和能力下，我们的战略就是要想办法获取更多的客户，并把有限的客户服务好，这样才能让公司活下来。

　　第二阶段，是"破瓶颈"阶段。随着公司的员工人数超过 20 人，客户数也越来越多，此时公司的老板开始有更多的想法，再加上此时公司的资源和能力开始提升，公司的自我造血能力得到加强并赢利，因此，如何将公司做大做强成了老板们焦虑的问题，战略也随之改变。

但这也是一个容易遇到瓶颈的阶段。一方面老板希望公司做大做强，另一方面公司内部的组织和能力与目标不匹配。如何突破这一瓶颈，是公司在该阶段的最大战略问题。不同的公司会有不同的选择，比如有的选择了专业方向，有的继续扩大规模。老板提升认知，带领团队一起突破瓶颈是一个痛苦但又快乐的阶段，公司所选择的突破方向，就是公司的战略选择。

第三阶段，是"想领头"的阶段。当公司年营收规模发展到1000万元以上时，公司的状态和老板的心态都不一样了。这时老板会想做行业的领导者，这也意味着公司需要一个新的战略，会遭遇新的挑战，这同样需要老板与团队共同突破。

许多战略大师常说的一句话是：人无我有，人有我优，人优我廉，人廉我变。但如果深究下去，这句话并不现实。因此，在我看来，战略的另外一个解释是取舍，有舍才有得。在我们的资源和能力有限的情况下，把公司主要的资源和能力投放到公司的战略方向上，这才是至关重要的。

确定战略的步骤

我们探讨了许多关于企业战略的问题：战略的定义、战略的核心、战略的不同阶段等。接下来，最关键的是如何确定自己公司的战略，我把制定战略的过程分为五个步骤。

第一，**确定自己处于哪个发展阶段**。首先要知道，自己公司是仍处于徘徊踟蹰阶段，还是到了快速发展阶段。当然，绝大多数中小微企业都处于前者的状态中。认清自己公司的发展阶段，是制定正确战略的前提。

第二，通过战略三环，分析愿景、能力、资源，找到适合自己的方向。需要说明的是，三者中愿景最为重要，因为愿景是找到合适的资源和有能力的人的前提。但如果资源和能力都不足时，如何才能积聚资源和能力呢？这就需要你具有领导魅力。

第三，确定经营战略。经营战略分为七大类型。

1. 集中化战略。单点破局就是集中化战略，集中优势资源和能力，最好只做一个产品，把它做到极致，比如我当年为政府园区做招商服务。

2. 差异化战略。就是选择一个细分方向占据优势，比如主攻外资代理记账，主攻工厂会计，主攻时尚白酒，主攻精致咖啡等。

3. 规模化战略，也就是通过规模建立成本优势。

4. 多元化战略。比如创业护航下属的企盈中小企业服务平台定位为一站式企业服务平台，为中小企业提供所需的多项业务，以客户为中心，实行产品多元化。

5. 生态战略。比如小米的生态链，再比如创业护航想建立全国品牌生态，用连锁加盟模式形成全国网络，并拓展全国园区资源，逐步形成产业链优势。这是生态战略。

6. 稳健战略。是指因为各种原因停止发展，或发展缓慢。这种"不增长"战略是一种特殊情况，而如何维持好客户和员工则是该战略下极具挑战的难题。

7. 收缩战略。也就是想缩小规模，甚至退出市场，比如可以选择出售公司。选择这一战略时，需要稳定好客户，并与并购方达成合理的交易。优雅地撤退也是一种成功。

第四，**确定营销战略**。在确定经营战略之后，企业就需要面对市场营销问题。确定市场营销战略，首先要确定自己的产品，以及这些产品的核心竞争力；其次要思考如何获客，也就是市场部如何获取流量。

第五，**护城河与风险控制**。好的战略需要良好的风险控制进行保护，它们仿佛企业的护城河，避免企业出现危险时伤及战略核心。沃伦·巴菲特曾将企业的护城河分为四大类：无形资产、成本优势、网络效应、迁移成本。其实，这些看起来只对大公司有用的方法，如果我们对它们进行足够的细分和拆解，也可以建立一些自己独特的护城河。采取任何战略都要做好风险防控，尤其是经营风险、法律风险，这是底线思维，我将在最后一章对其详细讲述。

【课后作业】

思考题：你的企业处于哪个阶段？请用战略三环模型制定出你企业的战略。

018 讲 ｜ 单点破局：如何走出欺骗性失望区

第一曲线

任何企业、行业的发展过程，都呈 S 形曲线，先是慢慢切入，过了破局点之后，高速前进，最终一定会遇到极限点，然后停下来，最终掉头向下。这就是我们常说的"S 曲线"，也叫作"第一曲线"（图 5-1），它往往包含两个重要节点：破局点、极限点。混沌学园的李善友教授把它介绍给中国的企业家。

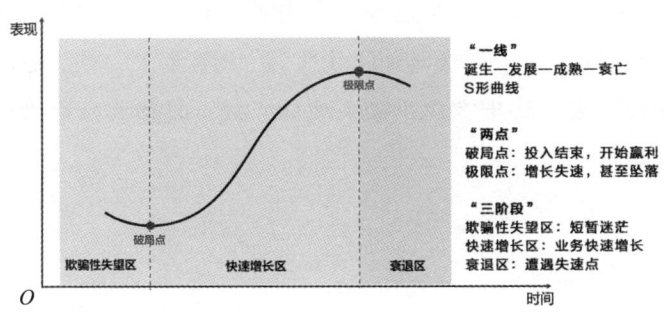

图 5-1　第一曲线

我们可以用"一线""两点""三阶段"来说明第一曲线。

"一线",即上图中的S形曲线。任何企业都会经历诞生、发展、成熟、衰亡的阶段。每位创业者在开启一家公司的时候,都要经历从0到1的过程,很多创业者在验证产品的市场接受度阶段没有得到客户的认可就退出了。实际上,我们现在看到的企业,都是经历了这个阶段而存活下来的。市场初步接受后,就是从1到10再到n的过程,这个过程就是企业的增长期。在经历了增长期后,企业一定会在到达顶点后遭遇到下行压力,有的企业没有通过这一关而结束生命,比如诺基亚手机。

"两点",是指破局点和极限点。在突破破局点后,企业投入结束,开始赢利。而当快速发展阶段到达极限点时,企业会出现增长失速,甚至坠落的情况。

"三阶段",是指破局点之前的欺骗性失望区、破局点和极限点之间的快速增长区、极限点之后的衰退区。

破局点与欺骗性失望区

一半以上的创业者没有跨越破局点,一半以上的人一生都没有跨越破局点。所以,跨越破局点很难。对企业而言,怎样才算跨越了破局点呢?有个标准叫"快来钱"(图5-2)。快,是指业务快速增长。来,是指客户主动来找你。钱,是指客户愿意为你的产品付费。

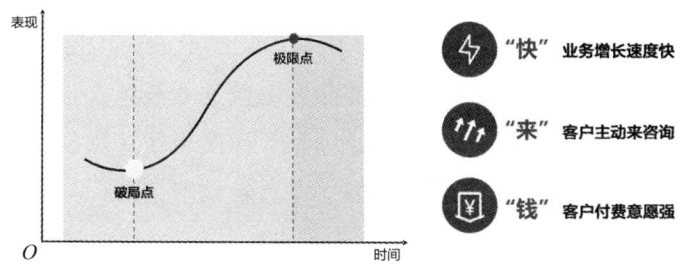

图 5-2　如何识别破局点

在破局点之前的苦苦挣扎期，就是"欺骗性失望区"。创立一家公司，本质上是创业者做了一系列假设，假设公司的产品符合客户的需求，假设公司的团队和资源能实现这个产品，并实现规模化生产。但是，通过一系列的努力之后，依然无法打开局面，创业者被当初自己的那个假设给欺骗了。在这个欺骗性失望区里，通常会有几种情况：客户只能接受免费的产品，一旦收费，市场销售阻力巨大；客户能接受的价格比成本价还低；产品过于依赖市场推广，且市场推广成本巨大；即使企业有增长，但速度缓慢。

在这个欺骗性失望区里，创业者非常痛苦。是方向不对，应该果断放弃或者更换其他产品，还是应该坚持，不断改进和尝试，从而跨越破局点呢？

两种做法都对，但是你的选择取决于你对你事业的认知，包括对客户的理解、对竞争对手的理解、对自己产品的理解、对资源的把控和对团队的理解，当然还有你的内心感受力。

很多小企业在陷入欺骗性失望区的泥潭后进退两难，为什么会这样？原因大多来自企业老板自身，比如我之前总结的四大类型的企业老板，都有各自的问题。

快速增长区与极限点

跨越了破局点之后，就是非常甜蜜的快速增长区，这时候客户快速增长，公司营收和利润快速增长，团队也快速增长，因为有了客户，公司的资源也越来越好。在这种情况下，你一定找到了那个"越来越"的正反馈。

随着公司的快速增长，公司的流程越来越完善，团队越来越成熟。当然，公司最终不可避免地走到了极限点，到这个点之后，公司增长变得更加困难，很多大公司从这里开始走向衰落，甚至破产。

破局的关键：单一要素最大化

创业公司资源有限，如何才能实现破局？将单一要素最大化。也就是说，找到那个最关键的点，把那个点击穿，就能打开一个新的世界。

案例一：百度与今日头条

百度最初是为新浪提供搜索技术服务的，在当年门户网站时代，新浪是全国三大门户之一，拥有多个频道，搜索是新浪很小的一个功能。后来这个搜索框独立之后，有了百度，而整个百度的网站其实就是一个搜索框。这里不是贪多，而是贪少，少到只有一个搜索框，然后把所有的技术和资源都集中在搜索上，将这个单一要素最大化，后来的百度成为 BAT 之一，市值远超新浪。

2012 年，智能手机兴起，当时的李彦宏认为移动端很难变现，商业价值不大。但张一鸣认为这是一个巨大的机会，他改变了百度"人找信息"的模式，做到了"信息找人"，张一鸣将所有的技术和资源集中在这项技术上，从此算法比我们自己更了解我们自己，开启了今日头条时代。这也是将单一要素最大化。

案例二：华为

华为在长达 20 多年的时间里，只做了一件事——电信局端设备。任正非提出"饱和攻击"，意思是在资源有限的情况下，把一件事做透，坚持将大部分的销售额投入研发中。这也是单一要素最大化。当它在电信局端设备拥有绝对优势的时候，才在移动互联网时代涉足与通信相关的手机业务。华为至今不做房地产，其克制背后的逻辑依然是单一要素最大化。因为集中精力才能把事情做到极致。

要实现单点破局，关键就是要将单一要素最大化。再以我们公司创业护航的发展历程为例，或许对大家来说更具有参考性。

2007 年，我刚进入这个行业，当时公司包括我在内只有 3 个人，手里只有 3 万元现金，如何活下来？我用"供需连"来说明（图 5-3）。

供应端：我发现了为政府园区招商这个优质的业务，我们把企业引进政府园区，政府向我们支付服务费，一次引进，长期收益。在供应端，我们选择了上海最偏远的崇明区，由于经济发展远落后于上海其他区，崇明区亟须企业进驻。因此，崇明区对于我们的服务格外重视，这也激发了我们倾尽全力招商的斗志。这是供应端的单一要素最大化。

需求端：指的是客户。当时还是营业税且营业税还是地方税的时代，客户都希望能享受到崇明园区的税收优惠政策，所以我们把唯一拥有的资源用到极致，给予客户最大的优惠力度，获得了客户的信赖。为了集中精力，我们只引进服务业企业，也就是只缴纳营业税的企业，由于精准聚焦客户，我们为崇明园区引进了几家大型服务类企业，获得了很好的收益。这是需求端的单一要素最大化。

连接端：就是推广获客。在当时，业内用百度推广的公司并不多。而我通过成本测算得知，从百度获取单个客户的费用约为 200 元，利用百度推广获客具有极高的性价比。因此，我们开始大量使用百度推广，源源不断地从百度获取企业客户，并将其输送到崇明园区。为了保证高效，当时我们网站只有一个页面，就是崇明园区的介绍，并附上成功案例，客户能够在页面上快速了解在崇明园区注册的好处。为了提升转化率，我们总结出了结构化咨询的内容。这是在连接端的单一要素最大化。

在供应端、需求端、连接端，都采用单一要素最大化，这样，我仅有的资源（3 万元钱、3 个人）被全部用于一件事情上，很快收到了很好的效果。不到一年，公司的营收就达到了 300 万元，利润 200 万元，员工人数增至 7 人。

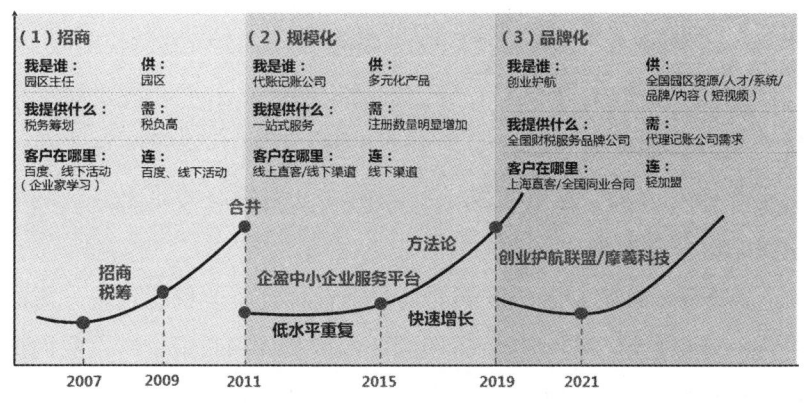

图 5-3　创业护航的破局点

　　我在 2011 年成立企盈中小企业服务平台后，公司一直处于低水平的重复过程中，直到 2015 年公司的代理记账客户数量仍不足 2000 户。在那段痛苦时期，我们在系统、内部管理、核心团队、营销等各方面进行改进，公司开始快速发展，进入了第一曲线的增长期，在此期间，我们将主要的资源和精力放在了市场营销上。

　　2019 年，我们把内部软件部门抽离出来，成立公司单独运营。这也是现在摩羲云和创业护航联盟的雏形。这一年，我们将管理系统这个单一要素最大化，独立运营。

　　需要说明的是，创业护航还处于发展期，只能给大家做参考。每个企业的历史背景不同，团队不同，产品也有区别，所以企业需要根据自身情况去使用商业模型。但单点破局是中小微企业最重要的思维模型。

【课后作业】

思考题：你的企业把哪个单一要素最大化从而实现了单点破局呢？

019 讲 | 错位竞争：与其更好，不如不同

一个犹太人开了一家修车店，生意非常好；第二个犹太人就会开一家餐馆；第三个犹太人则会开一家超市。聪明的犹太人习惯避开对手的竞争点，不是千军万马过独木桥，而是你走你的独木桥，我撑我的小木船。他们不仅避免了恶性竞争，大家还互相补充，互相促进。

这就是错位竞争。错位竞争策略是企业避开竞争对手的市场优势，以己之长击彼之短而确立相对竞争优势地位的一种竞争策略（图5-4）。

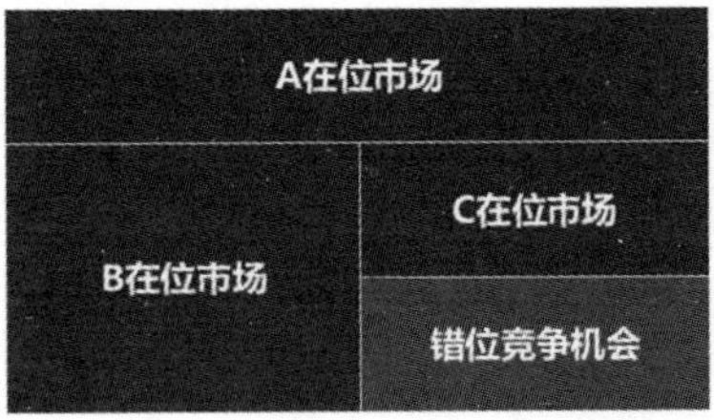

A在位市场		
B在位市场	C在位市场	
	错位竞争机会	

创业选择大数据分析		
创业选择	进入率	成功率
进入主流价值网 跟随策略	67%	6%
进入新兴价值网 错位战略	33%	37%
错位战略的成功率远高于跟随策略		

图 5-4　错位竞争

错位竞争的优势

创业者直接跟主流大企业正面竞争，几乎没有成功的可能。微信在市场风生水起后，马云花重金打造来往，想跟微信正面竞争，但却最终真的倒在了"来往"的路上。腾讯曾经做过搜索，想跟百度正面竞争，也做过微博，想跟新浪微博竞争，但是都失败了。大企业尚且如此，何况小企业。

我们以美团的案例进行分析，大家就能深刻感受到错位竞争的优势，也会对美团的核心团队充满敬意。

美团创业之初想做电商，但是阿里巴巴帝国已经太过庞大，想要从它的碗里分一杯羹几乎不可能。为此，王兴将业务分为线上和线下：腾讯的供给和履约都在线上，以社交为主；而阿里的供给和履约都在线下，以物品交易为主（图 5-5）。

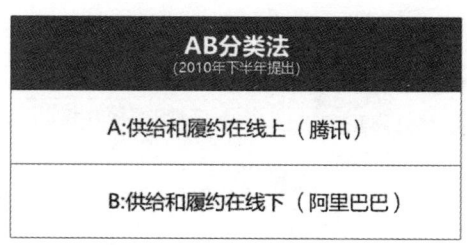

图 5-5　电商横切一刀

此外，再将线下的部分分为实物电商和生活服务电商（图5-6）。由于生活服务电商是非标准化业务，阿里巴巴没有投入太大精力，而专注于实物电商，这给了美团弯道超车的机会。

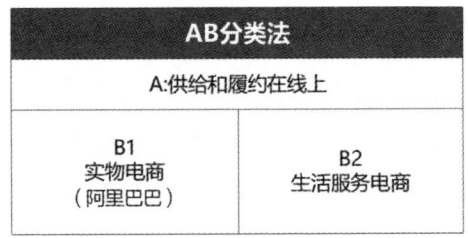

图 5-6　对线下的部分再切一刀

接下来，在生活服务板块中继续细分：携程的三大核心业务是机票、酒店、旅游，为异地生活服务类；剩下的本地服务市场还是空白，而美团拥有众多本地流量。因此，专注成为本地生活服务电商成了美团的战略方向（图 5-7）。

AB分类法		
A		
B1 实物电商 （阿里巴巴）	异地生活服务电商 （携程）	
	本地生活服务电商 （美团）	

图 5-7　在生活服务里再切一刀

找到了这个定位后，美团的发展蒸蒸日上，最终在外卖这个赛道成为王者。后来阿里巴巴花了高达 95 亿美元收购饿了么，是为了弥补疏漏，在之前自己并不看好的赛道上留有一席之地。

回顾整个过程，我们不难发现，美团之所以能够找到自己的正确定位：一是避开了与巨头企业的同类竞争，巨头企业没有将自己的精力放在美团着力发展的领域；二是这个市场足够大。

所以，错位竞争的真谛是：与其更好，不如不同。

错位竞争的五步分析法

我们将做好错位竞争的要点总结成五个步骤（图 5-8）。

第一步，确认赛道。从不同维度和尺度对行业进行拆分，在细分赛道上精耕细作，在霸主不擅长的领域成为第一。这本质上是定位问题，要做到细分赛道的第一。比如，美团确定了电商这个正确的大赛道，在这个大赛道中将线上履约和线下履约分开，实物与生活服务分开，最后将本地与异地分开，最终确定将本地生活服务电商作为自己的赛道。

第二步，了解主流巨头。比如在电商这个大赛道中，线上的头部公司是腾讯，实物电商的头部公司是阿里巴巴，异地生活服务电商的头部公司是携程，这是对各个主流巨头的理解。

第三步，寻找机会。巨头未能抓住的机会是不是真的好机会？巨头看不上、看不见的市场，往往充斥着脏活苦活累活，但是如果市场足够大，那就有机会。比如本地生活服务电商就是美团的机会，以税为核心的企业服务就是创业护航区的机会。

第四步，组合产品。在这个细分市场中做产品的组合，需要从三个维度来分析：外部红利、自身优势、错位。比如餐饮外卖、本地住宿是外部的红利，而本地流量是美团的自身优势，这些产品组合能够与阿里巴巴和携程形成错位。

第五步，尝试测验。确认目标客户和产品后，打造 MVP（最简化可行性产品），测试后再改进迭代。比如美团派了一个小分队调研本地住宿情况，取得效果后快速复制，这给美团带来了巨大的价值。

图 5-8　错位竞争五步分析法

创业护航的错位竞争策略

当我成立创业护航的时候，已经不再是财税服务行业发展初期的野蛮生长阶段，行业内各个企业都相继进入了理性发展阶段。因此，要想在市场上站稳脚跟，同样需要采取错位竞争的策略。

首先，我们对市场主体进行了切分（图 5-9）。中国有超过 1 亿户市场主体，只有 4% 的企业员工人数超过 100 人，类似金蝶、用友这样的会计软件巨头，以及会计师事务所，只服务了小部分的市场主体，因此，这个赛道市场机会巨大。

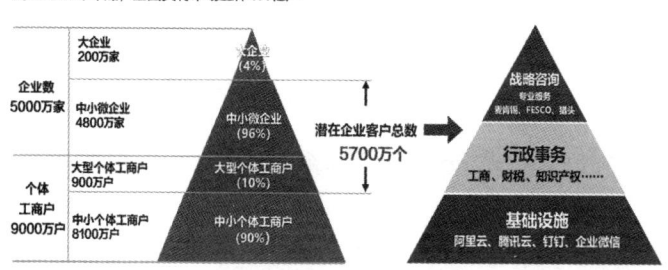

截至2020年年底，全国实有市场主体1.4亿户

图 5-9　代理记账行业的错位竞争

其次，我们对服务产品进行切分。云、OA 软件等基础设施已被阿里巴巴和腾讯占据，而高端企业服务被金蝶、用友、德勤、安永等传统知名的会计师事务所瓜分。在这两块领域没有我们的机会。

最后，我们对财税服务行业进行切分。为中小微企业服务的是代理记账公司，但代理记账公司主要从事企业注册和代理记账的业务。因此，税务服务是个巨大的机会，这也正是创业护航所选中的细分市场。

总结起来，创业护航选择中小微企业税务服务这个细分市场的原因有以下几点。第一，直接与传统的财税服务巨头企业和知名会计师事务所竞争，我们几乎没有机会。第二，传统财税服务企业以"财"为主，"税"的能力并不强。第三，传统强势企业看不上、看不见为中小企业提供税务服务。第四，相对于高大上的业务，那些苦活脏活累活才是我们的机会。第五，税务服务的市场足够大。第六，在当前以数控税的背景下，外部环境相较之前有极大的改善。第七，先做标准化服务市场，因为这个市场容易形成规模效应。第八，在做好规模基础上，做好非标准税务相关业务（图 5-10）。

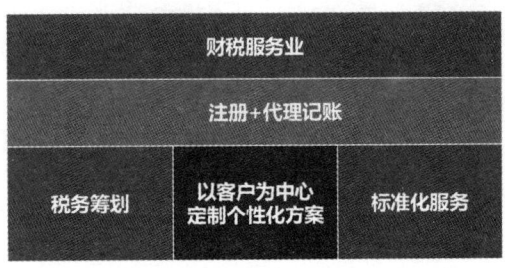

图 5-10　创业护航的错位竞争

这些决策逻辑，是根据我们自身的优势，结合外部环境所研究出的错位竞争策略。

【课后作业】

思考题：将你公司的产品进行切割再切割，你能找到自己的那个与众不同的优势和特点吗？

020 讲 | 低端颠覆：小企业的成功逆袭之路

　　小企业需要避开与巨头企业的正面竞争，采取错位竞争的策略。那么，在错位竞争的基础上，小企业要想成功逆袭还有哪些招式呢？在《创新者的窘境》一书中，有许多核心观点可以被小企业采用，混沌学园李善友教授的很多观点也源于这本书。

大公司的创新失败

　　我们眼睁睁地看着曾经的大公司轰然倒塌，甚至是被自己发明的技术打败。

案例一：柯达

　　柯达创立于 1880 年，是胶片影像业的巨头，是真正的百年企业，高峰时期员工人数达到 10 万，遍及全球 150 多个国家和地区。它的创始人乔治·伊斯曼是胶卷的发明人，堪称"100 年前的史蒂夫·乔布斯"，是一个伟大的商人。今天风靡全球的"员工持股"就是从柯达开始的。

柯达曾经占全球胶卷市场份额的 2/3，是绝对的王者。具有讽刺意味的是，1975 年，柯达发明了世界上第一台数码相机。但是，柯达却把数码相机这一发明锁进了保险箱。2012 年 1 月，柯达宣布破产保护，纽约证券交易所停止其股票交易。130 年的商业帝国就此谢幕。

是什么导致了柯达的失败？是什么阻碍了柯达创新发明的脚步？如果柯达启用新发明的数码相机，会怎么样？首先，柯达已经非常稳固的 100 多年的价值网络不能接受；其次，公司短期财务报表将不尽如人意，资本市场不能容忍主营业务销售下滑；最后，内部既得利益者不能接受，由化学专家主导的胶卷将被由信息技术专家主导的数码相机所取代，这侵犯了老员工的利益。

案例二：诺基亚

诺基亚曾经是手机的代名词，其产品坚固到可以用来敲核桃。从 1997 年到 2011 年诺基亚连续十多年手机销量全球第一。在 2007 年诺基亚最鼎盛时，其市值高达 1500 亿美元，全球市场占有率为 40%，这个纪录至今无人打破。

然而，在 2013 年，微软以区区 72 亿美元（不到诺基亚高峰期市值的 5%）的价格收购诺基亚设备服务部门（手机业务）。在传说中的最后一次记者招待会上，时任诺基亚 CEO 说："我们没有做错什么，但是我们输了。"更为不可思议的是，是诺基亚发明了触屏手机，它的智能手机曾经占到当时智能手机市场 50% 的份额。

这样的一个手机巨头为什么会走到穷途末路？是什么阻碍了诺基亚创新的脚步？倘若诺基亚大规模推进智能手机研发和生产，首先不能接受的是诺基亚已经建立的价值网络（包括供应商、客户、渠道、资本）。其次，短期的财务报表表现将很差，资本市场不能接受，新的产品问世将会造成市场上自己产品相互竞争的局面。最后，内部既得利益者不能接受，如果启用了新技术，之前的专家和管理人员将全部遭到洗牌。

从柯达和诺基亚的案例，我们可以总结得出结论，企业的价值网络和组织心智，让成功的企业很难跨越从第一曲线到第二曲线的"非连续性"的过程。哪怕自己内部的研究者已经找到了下一个方向，其方案也会被锁进了保险箱。所以，我们要警惕一种现象：在一个具有悠久历史且稳定的行业和企业里，温水煮青蛙是一种常态，即便里面有极少数人已经发现了危险，也很难说服绝大多数人走出去。像诺基亚和柯达这样如此知名的企业都惨淡收场，其他传统的服务行业就更是这样。所以，我们反而有机会。

创新之难，难于上青天

创新很难，难在要突破固有的思维模式，做前人没有做过的事。巨头公司尚且遭遇创新失败，小公司由于资源有限，要想创新更是难上加难。

在我看来，小企业创新有三大难点。

第一，创新的成本。创新的风险极大，因为需要验证技术、产品、市场、客户等一系列的因素，创新成果才能被推向市场。对任何公司而言，研发都是需要耗费相当大的成本的，一般的小公司，负担不了这个成本。

第二，创新的勇气。创新需要老板具备极大的勇气，往往是那些能够改变世界的企业家才具有创新的勇气，比如史蒂夫·乔布斯、埃隆·马斯克、马云。具备这样勇气的人很少。

第三，创新的革命。创新会遇到价值网络的路径依赖，以前成熟的技术、成熟的合作伙伴、成熟的销售渠道、成熟的产品都要遭遇变革，"革自己的命"实在太难了。

小公司的成功逆袭

虽然对于小企业来说创新很难，但是并不意味着小企业就注定默默无闻、庸庸碌碌。在克莱顿·克里斯坦森《创新者的窘境》中，有这样一个传统行业的案例：小型钢厂是如何打败大型钢厂的（图 5-11）。

纽柯钢铁前身创立于 1954 年，直到 1972 年才开始进入钢铁制造业。当时它采用的技术是一项叫作"电弧炉熔解废钢"的技术。相对大型企业普遍采用的铁矿石炼钢技术，纽柯钢铁的技术落后，生产规模远小于大型钢铁厂，产品品质也较低。它的唯一优势，就是生产成本比大型钢铁厂低 15%。

当时，美国的钢铁市场从低端到高端有 4 个细分市场，依次是钢筋（螺纹钢）、钢条和钢棒、结构钢、钢板。钢筋市场的规模最小、价格最低，客户要求也最低，被认为是钢铁市场中的鸡肋市场。而钢板市场则是规模与利润都较高的主流市场。

在生产的初期，纽柯钢铁通过技术改进，也仅仅能达到最低端的钢筋市场产品品质要求。而且，作为行业新兵，它也没有市场。在一穷二白的情况下，纽柯钢铁通过与美国钢铁、伯利恒钢铁建立外包关系，才能在市场上勉强立足。

在钢筋市场立足后，纽柯钢铁再通过技术改进，将产品品质提升到满足钢条和钢棒市场市场产品的要求。在钢条和钢棒市场立足后，纽柯钢铁进一步提升品质，进入结构钢市场。最后，终于在 1987 年掌握了薄板坯连铸连轧技术，勉强进入了钢板市场。而在钢板市场，纽柯钢铁再通过长期改进技术，终于能造出与传统钢铁企业相同品质的产品，最终战胜传统巨头，站在了美国钢铁行业的巅峰。

在这个案例中，有两个问题需要我们进行深度思考。一是大钢厂为什么愿意将业务外包给小企业？二是小企业为什么能够逆袭成功？

关于第一个问题的答案，其实在现代商业实践中已经很常见。因为把业务外包给小企业，能让大企业在财务报表上更好看，管理也更轻松。本来 500 万元的钢筋订单，自己生成的成本是 450 万元，外包给纽柯钢铁后，只要 420 万元，大钢厂的利润增加了 30 万元，所以，大厂愿意外包。

关于第二个问题的答案，既来自小企业内部，也来自外部。首先，小钢厂具有成本优势，通过成本优势逐步扩大规模，用利润来支持研发，从而能从钢筋做到钢条和钢棒、结构钢，最后当自己有足够的实力时，连最复杂的钢板也突破了。其次，大钢厂天生傲慢，对小钢厂的态度是看不上、看不起，这给了小钢厂逆袭的机会。再次，短期的财务回报让大钢厂愿意外包，让小钢厂逐步积累了利润、现金流、市场、技术，这是典型的"养虎为患"。最后，僵化的大企业病使得温水煮青蛙成为可能。

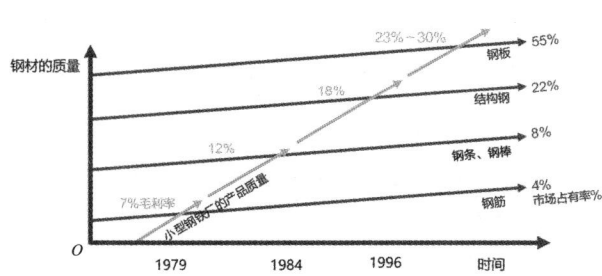

图 5-11 小公司成功逆袭的案例

财税服务行业低端颠覆之路

在财税服务行业，低端的代理记账公司也可以像小钢铁厂一样逆袭会计师事务所吗？当然有机会。

以创业护航为例。最初的 300 元 / 月的代理记账业务相当于钢筋，是会计服务中最低端的业务，会计师事务所看不上。但代理记账公司可以通过前期的积累，获得大量客户。随着时间的推移，客户也在成长，客户中有了财务外包的需求，这时候客单价到了 3000 元 / 月左右，这相当于开始做钢条和钢棒了，技术含量大大提升。这时候代理记账公司开始聘请中级会计师来交付这些业务。再进一步，当代理记账公司可以承接一些财税项目，比如历史账面梳理、股权税务筹划、税务异常处理、税务质询应对、高新技术企业财税解决方案时，客单价到了 3 万元 / 月左右。这相当于做结构钢，有的代理记账公司已经开始聘用税务师和注册会计师了。

随着这个路线图往上发展，代理记账公司逐步积累了客户、专业人才、管理、信息化技术、政府关系，这时候可以去挑战最

难的税务咨询了，这时候客单价可以达到 30 万元。为了做好高端
业务，创业护航专门成立了税务师事务所，我们连续处理了几例
不动产案例，项目的最高收入超过了 1000 万元，即便是大的会计
师事务所也很难达到。现在，我们的税务师事务所专门成立了不
动产事业部，处理不动产销售、不良资产、拆迁等税务咨询业务。
税务师事务所还有了专业律师和税务师，来承接税务稽查业务。
最终，我们拥有了做钢板的能力。

　　这就是我们创业护航的逆袭之路，它虽然发生在财税服务行
业，但道理都是相通的。我们之所以可以实现低端颠覆，是因为
做到了四点（图 5-12）。

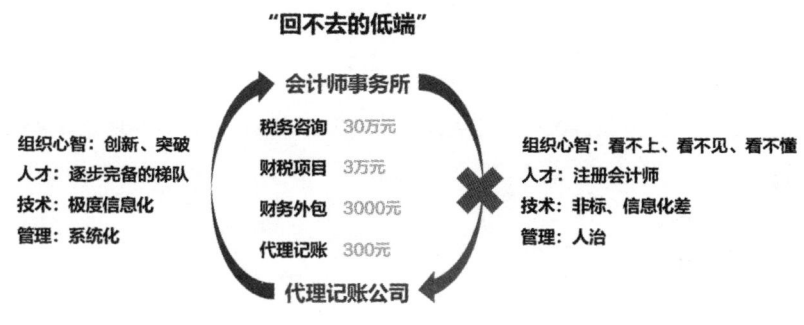

图 5-12　财税服务行业低端颠覆之路

　　首先，在组织心智上的创新、突破。会计师事务所看不上或
无法涉及的业务，比如 300 元 / 月的代理记账、满足企业的税务和
工商相关需求的业务、关于不动产的税务咨询等，是我们创新和
突破的窗口，我们从客户角度出发，为客户提供所需要的服务。

　　其次，在人员上的储备。会计师事务所主要由注册会计师组
成，他们以自己的专业为骄傲，思想严谨而保守；而代理记账公司

在成长过程中逐步打造出人才梯队，其中包括了愿意理解客户需求的市场团队。

第三，充分利用技术带来的高效。会计师事务所基本上只做大客户，其业务非标准化、信息化程度低；而代理记账公司要处理上万个客户的账务，充分利用软件，信息化程度高，效率高。

第四，在管理上的市场化。会计师事务所的合伙人制度决定了他们还是以管人为主的松散模式；而大的代理记账公司其实已经拥有比较好的系统化管理模式，甚至达到了比较好的互联网化的管理水平，更市场化。

综上所述，每个大公司都有小公司可以颠覆的软肋，所以，每个小公司都应该有实现低端颠覆的勇气。

【课后作业】

思考题：你的行业有哪几个巨头？你认为你的企业如何才能实现低端颠覆呢？

CHAPTER
6

第 六 章

销售漏斗

销售是极专业的科学。

——菲利普·科特勒

021讲 | 市场营销：流量与转化

营销对企业的发展起着至关重要的作用，但是，有许多营销常识并不像人们所认为的那样，那些看似细小的错误会将企业营销带离正确的轨道。

市场营销的误区

在中小微企业中，市场营销做不好的企业都有一个共同的问题——将市场与销售混为一谈，也就是流量与转化不分。

我们以最常见的电话营销为例。

大部分公司都是按照图 6-1 所示的模式一方式进行，也就是 10 名电话销售，每人每天分到 200 条数据，再逐个打电话找到意向客户进行转化，成交后获取销售提成。

图 6-1　市场营销模式一

但如果换成模式二（图 6-2），将 10 名员工中转化率最高的 1
号和 2 号两位分离出来，他们不负责打电话寻找意向客户，而只
负责转化客户。另外 8 名员工则相反，只负责打电话找到意向客
户，将意向客户交由 1 号和 2 号去转化。

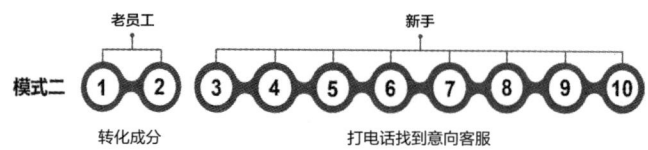

图 6-2　市场营销模式二

这两种方式的区别在于以下几点。

1. 在模式二的情形下，3—10 号的 8 名新手只负责通过电话
找到意向客户，找到意向客户即获奖金（比如 20 元 / 个），这使得
他们工作内容简单化，且成就感增加。而模式一的情形下，他们
好不容易找到一个意向客户，还不一定能转化成功，不仅效率低，
且容易打击员工的积极性。

2. 对于 1—2 号的 2 位老员工，在模式一的情形下，他们对
公司产品的熟悉度和擅长转化的特长没有得到有效发挥，而将大
部分时间浪费在了拨打电话中，且大部分拨出的电话可能被拒绝。
在模式二的情形下，他们的优势得到有效发挥，实现了高效率和
高转化率，收入自然也相应增加。

3. 在模式一的情形下，公司难以留住员工，因为优秀员工处
于被拒绝的状态下容易感到疲惫。在模式二情形下：优秀的员工效
率高，获得的成就感也高；新员工每天在对意向客户的寻找中积累
经验，其中的优秀人才容易被逐步培养成转化岗位。

需要注意的是，在模式二中，3—10号的这8位员工所从事的是偏向市场的工作，他们获取意向客户，是流量；而1—2号的这两位员工的转化工作，是销售。而模式一的弊端就在于将市场与销售混为一谈，从而导致效率低下。

再从线下渠道获客来看，公司想要招聘一名既能开发渠道，又能转化的员工，这样的要求太难满足。因为商务合作需要更高层面的沟通，而且难度很大；销售层面，需要对产品十分熟悉，进行高效转化。所以，我们将之分为两个岗位——渠道经理（business development）和销售（sales），这里的渠道经理岗位就是市场，其任务就是通过合作获取流量。通过这样的分割能够精准地找到对应的人才，比如：企业服务领域，招聘熟悉商会协会的人才去开拓渠道；医疗美容行业，招聘熟悉美容院的人才去开拓美容院渠道。

流量与转化

从上面的案例可以得出这样一个结论：市场与销售必须分开，是两个岗位，这两个岗位对员工的要求大不相同。分清市场与销售，本质上就是市场营销的科学方法论。所谓科学，从某种程度上讲，就是不断细分的过程。所以，即使是中小微企业，市场与销售也必须分开，市场的任务是获取流量，销售的任务是负责转化。

但是，小公司没有市场部怎么办？这时候老板就是市场部，获取流量是公司最重要的事情，所以公司小的时候老板就是要负责这项"难而关键"的工作。

分清市场与销售，也就是分清流量与转化这两个岗位，使招聘也相对容易。想找到一个能直接获取客户的人几乎不可能，我们可以想象，如果真有一个人既能找到渠道又能成功转化，那他就可以直接成立公司当老板了。

流量从哪里来

流量从哪里来，这是如何触达客户的问题，也是所有企业都非常关心的问题。我总结了五种营销方式。

线上推广

也就是在互联网上投放广告，意向客户通过网络过来，这也是最低难度的营销方式。线上推广没有物理空间的限制，容易实现规模化获客。线上推广我分为两大渠道。

1. 百度推广

SEM 原本是搜索引擎营销的简称，但因为国内市场几乎被百度垄断，所以 SEM 主要是指百度推广。百度推广有几大特点。第一，客户主动发起，需求真实，意向强烈。第二，在网络上搜索的客户，需要马上解决问题，需求即时性强。第三，客户直接搜索关键词，需求非常精准。第四，尽管搜索被各大互联网巨头分流，但是企业服务的流量还是很大，如果投放充足，可以规模化获客。所以，百度推广是难度最低且能规模化获客的方式。但是，这个方式也存在一定的问题，比如：搜索价格较高；很多潜在客户会被同行或者无效点击消耗，所以必须大金额投放，否则实际有效点击少，获客成本很高；网络客户的即时性要求高，所以必须及时转化，及时交付。

简单来说，百度投放必须投入较多，一线城市一天至少 1 万元，二、三线城市一天至少 5000 元，而且，对销售转化的要求非常高。

2. 抖音投放

抖音的优势在于它的日活跃用户接近 7 亿人，也就是说几乎中国所有网友都在抖音上，这个数量巨大。但抖音投放的弊端也不少，比如，虽然抖音的算法能大致计算出广告对象，相对精准触达，但实际上还是不如百度那样精准；即使精准投放，但是抖音的使用场景大多是娱乐，在这个场景下客户即便有需求也不一定会认真考虑。

3. 其他线上方式

比如 SEO（搜索引擎优化），不过现今已经几乎没有机会，早期在百度上排名靠前的企业的地位已经难以撼动；又比如 58 同城等分类网站，它们在二、三、四线城市有一定效果；再比如，类似小红书一类的拥有特定用户群体的网站，它们有流量，且针对性强。

线上渠道合作

线上渠道合作有两种方式：一是与电商平台合作，这是可能带来规模化流量的好方法，但是其门槛很高；二是与抖音或者视频号的主播合作，这是一个可以尝试的方向，但采用这个方法需要匹配能力很强的线上商务开发人员。

线下渠道合作

线下合作渠道，需要企业自己视所在行业的特点而定。以财税服务行业为例，渠道就是那些企业老板们聚集的地方。比如商会、行业协会、企业培训的场合、展会、律师事务所对公业务部门、办公物业等。

虽然线下渠道很多，但必须关注两大问题：一是线下联系大多需要见面沟通，有物理距离和时间限制，效率不高；二是渠道管理的"破0"是关键指标，建立合作后，如何能成交第一单非常重要，因为有了第一单，大家才真正对我们的产品有认知，后面进行合作才会相对容易。

会议营销

难以介绍清楚的无形产品，特别适合会议营销。把老客户或者意向客户请到现场，生动形象的讲解不仅能把客户关心的问题讲透彻，还能把要销售的产品介绍清楚。

需要强调的是，会议营销需要满足两个条件：一是需要严格执行完善的SOP（标准作业程序），从邀约到会前准备，从讲课到会后答疑方案，再到现场成交，会场人员的安排必须严格遵守流程；二是要有好的讲师，会议营销的底层逻辑就是现场积聚意向客户以后，让优秀的讲师帮助销售成交，实现规模化销售。

与战略匹配的营销方式

最后，我还是必须强调，与自己公司资源和战略相匹配的营销方式一定是最好的。与战略相匹配，营销才能发挥出公司的优势。与战略相匹配，营销才能为公司战略服务。比如外资财税服务行业，从战略考虑做长远谋划，可以在外语内容上做宣传、赞助国际会议等，积累品牌效应。比如医疗美容行业，如果要快速扩大营收，那就可以选择投放百度；如果是高利润战略，那就找到对美有高诉求的高消费群体。与战略匹配，还能在产品交付时让客户感觉团队更专注，更容易实现转化和后期转介绍。这是一个实现了闭环的整体营销思路。

【课后作业】

思考题：你的企业主要采用哪种营销方式呢？

022 讲 | 销售漏斗：开会就是销售漏斗过数据

漏斗模型指的是多个自定义事件按照指定顺序依次触发的流程中的量化转化模型。通俗点说，就是从起点到终点有多个环节，每个环节都会产生用户流失，每个环节都会有一个转化率。关于漏斗模型的来源有许多说法，其中之一是由艾里亚斯·路易斯（美国知名广告人）在 1898 年提出的，叫作消费者购买漏斗（the purchase funnel），也叫消费者漏斗（customer funnel）、营销漏斗（sales/marketing funnel）。尽管漏斗模型的诞生很早，但第一次对销售漏斗进行了准确定义和系统阐述的当属美国管理顾问公司米勒黑曼集团的两位创始人罗伯特·米勒和史蒂芬·黑曼，他们在 1975 年开始试验推广刚刚总结完成的战略销售理念，包括销售漏斗。

可以说，销售漏斗概念的诞生具有重大的里程碑式的意义，它让销售成为科学，人们把销售漏斗称为"史上最强大的销售模型"。

销售漏斗

我在 008 讲中介绍过增长的蝴蝶结模型，将蝴蝶结模型的左侧部分逆时针旋转 90° 即新获客的销售漏斗，我将用最务实、简洁且操作性强的方式来解释如何用销售漏斗（图 6-3）这个工具来管理我们的销售。

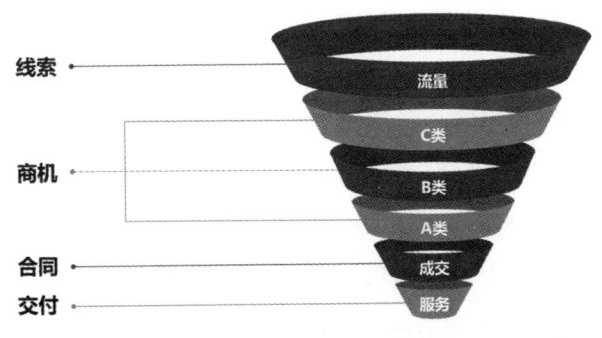

图 6-3　销售漏斗

销售过程有四个节点：线索、商机、合同、交付

线索指的是通过市场方式获取的流量，也就是预想的潜在客户。它只有一个必选项——联系方式。也就是说，市场营销人员能联系到预想的潜在客户。这些线索是否真的有效，需要进一步判断。

商机是指经过判断，对我们产品有意向的潜在客户。商机有两个必选项，相对详细的联系方式和购买意向。商机一般分为 A、B、C 三类：C 类商机指意向度低，或者短期内不会购买但长期可能会买的潜在客户；B 类商机指意向度中等的潜在客户；A 类商机指意向度高、可能立即成交的潜在客户。

合同是指 A 类商机确认后，双方签订合同成交，或者客户自主下订单。

交付是指对成交的客户交付产品或者服务。

从线索到商机，这是销售漏斗的第一次衰减，而且是幅度最大的一次衰减

当 1000 个线索，可能只有 100 个商机时，会出现两个问题。第一个问题是：还有 900 个线索为什么是无效的？这一方面要反馈给市场部，可能市场部获取流量不精准，市场部需要优化；另外一方面，可能是销售转化效率低，销售管理需要迭代。当然，更深一层，我们还需要反思我们的产品，产品也可能需要迭代。第二个问题是：这 100 个商机如何分类？按照 A、B、C 三类原则，分为 C 类商机 70 个，B 类商机 20 个，A 类商机 10 个。

从商机到合同，是最重要的临门一脚

正常情况，应该是 A 类商机转化为合同。这个环节有非常多的销售技巧，最通用的好方法是假设成交法，通过前期的多次沟通，跟客户确认了所有需求和问题，直接进入签约环节，假设客户已经决定购买，这时候就会被你带入签约的氛围中，顺利签约。

签完合同，销售还没有结束，交付环节也非常重要

比如，在我们财税服务行业，跟客户签完注册公司合同之后，还要收集客户的股东、公司名称等信息，这个环节如果体验不好，客户仍然会有退单的可能。这个环节，根据我们的最佳实践，把首次资料收集的任务交给销售，之后交给工商服务部去提供办理执照、银行开户、税务报到等系列服务。并且我们在管理系统中将这个流程固化，就是要确保公司内部跨部门交接的客户体验，减少这个环节的流失率。

如何开好销售会议

每周的销售会议，就是根据销售漏斗过数据。

表 6-1 是一家企业某年 4 月份第三周的百度推广数据。针对这个数据，销售会议应该如何进行分析和总结？

表 6-1　如何开好销售会议

日期	总消费	当期新增同收入	当期新增合同 ROI	合同收入	总 ROI	点击量
4 月 1 日—4 月 15 日	48000 元	79200 元	1.65	113500 元	2.36	8900
点击转化率	**咨询量**	**咨询转化率**	**商机数**	**商机转化率**	**成交数**	**客单价**
7%	634	87%	550	12%	68	1669 元

第一，图表上的点击转化率为 7%，表示点击转化为咨询的比例在逐步提升，但最优秀的能达到 9%，[1] 这意味着市场部需要继续优化网站、投放时间与排名、落地页，特别是咨询留资（留下资料）界面。

第二，咨询转化率是指咨询转化为线索的比例。这个数据表现很好，87% 是历史最高水平，这说明负责咨询的伙伴让客户留下联系方式的方法很成功，可以邀请他在销售会议上分享经验。

第三，商机转化率是指商机转化为合同的比例，12% 这个数据比之前略有降低，在产品没有变化的情况下，要找出销售的原因。会议上还要分析 A、B、C 三类商机，以及各销售小组的数据，如果有多个产品，还要看各产品维度的数据，让优秀的同事分享经验。

---

① 　未在表6-1 中体现的数据均来自创业护航非公开资料。

第四，ROI（return on investment）是指投资回报率，也就是收入与投入广告费的比例，这是市场营销的关键指标。表上该周的当期新增合同 ROI 是 1.65，略有上升，但是比同行最优的 2.1 还有差距；总 ROI 是 2.36，这反映了存量客户的转化，跟之前持平。需要特别说明的是，对会员制业务进行折算会更加合理。比如财税服务公司，在缴纳一年的代理记账费用后，有 90% 以上的客户都会续费，平均续费 3 年，那么，这部分营收可以保守地按照 2 倍来计算，这样决策会更科学。另外，也可以按照利润来进行计算，这样就能计算出一个合理的 ROI 值。

第五，客单价是指合同收入与成交客户数的商，1669 元这个数据有所下降，原因可能在于销售通过降价的方式扩大销售，需要查看具体数据分析原因。

第六，销售会议必须有一项议程，就是给本周优秀员工发奖金，这个金额可能不高，但这是对优秀员工的精准激励。需要说明的是，不仅奖励结果，还要奖励过程，但前提是过程数据必须准确，否则就会鼓励弄虚作假。虽然销售最终还是要看最后结果，但是没有过程就没有结果。

第七，如果每周都对该表格进行分析，不难想象，通过数据的更新和分析的深入，公司的管理也会越来越进步。

销售漏斗的作用

销售漏斗让销售成为科学，它对销售管理的作用在于以下几点。

量化分析，帮助管理者找到衰减的原因，进而研究解决方案。

促使销售管理流程化，否则销售会议没有核心内容。用销售漏斗来开销售会议，就是以解决问题为目标来开会。

用数据督导销售人员，当我们把销售管理深入到细节上时，大家头疼的销售飞单现象就可以大大减少。

销售漏斗也让培训有了方向，哪个环节薄弱就培训哪个方面。

销售漏斗让市场、销售、交付打通，全链路管理市场营销，管理更全面。

服务即营销的销售漏斗

我们把蝴蝶结模型的右边部分顺时针方向旋转 90°，就是服务环节的销售漏斗（图 6-5），也就是"服务即营销"。在服务即营销环节，我强调四个重点：一是在服务的过程中，如果客户满意，客户会续费或者再次购买；二是客户如果特别满意，还会购买你家其他产品，这是增购；三是如果让客户惊喜，客户会推荐他的朋友来购买，这就是推荐；四是如果有系列产品，客户还会升级购买你家更高级的产品。

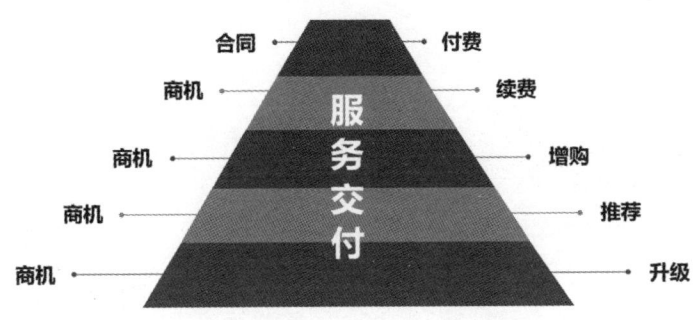

图 6-5　服务即营销的销售漏斗

比如，一家培训学校，客户最初只购买了 199 元的线上营销课程，随后又增购了人力资源课程，随着企业规模的扩大，客户升级为学校的 VIP 客户，学校可以为客户提供体系化的培训解决方案。

这一讲的内容概括起来，你只需要记住三句话：第一句，销售漏斗让销售成为科学，让销售管理变得可控、可预测；第二句，蝴蝶结模型左边实际上是新获客的销售漏斗；第三句，蝴蝶结模型右边实际上是服务即营销的销售漏斗。

【课后作业】

思考题：你的销售会议是用销售漏斗来分析销售数据的吗？

023讲 | 销售口诀："4个1"

公司处于小规模阶段时，获客是老板们绕不过去的坎，老板必须重视营销。重视营销就是要投入时间和资金。所以，大家扪心自问，自己是否真的重视营销，是否真的在销售上投入了大量的资金、时间和精力。

对此，我总结了"4个1"的执行口诀，大家以此为参照。

为每个销售投入1万元/月

公司要为每个销售投入1万元/月，实际上就是指要有市场投入。前面讲过，流量可以来自老板的资源，也可以来自市场投放。有了基础流量，销售才能实现转化。事实上，1万元的投入显然不够，如果是线上投放，金额要远高于1万元；如果是线下投放，销售需要能够把用1万元获得的客户累积起来作为种子客户，实现二次转化。

总之，必须有市场投入，销售才容易做起来。

每周参加 1 次销售会议

老板如果重视销售，除了资金投入之外，还要投入时间和精力。老板每周至少参加 1 次销售会议。在会议上要做些什么呢？

首先，看销售数据。参照销售漏斗模型来分析数据。

以我们公司为例，表 6-2 是我们公司某日的销售日报表，这是我们承接的一个电商平台企业注册业务的转化真实数据（因为与对方有保密约定，而且该业务还处于测试阶段，所以表格中抹去了部分数据）。

表 6-2　公司某日的销售日报表

今日数据	数量
今日新增服务单	14
累计服务单	—
今日新增有效服务单	12
累计有效服务单	—
今日确认注册单（客户确认有注册意向即可）	8
累计确认注册单（客户确认有注册意向即可）	—
注册转化率（累计确认注册单 / 累计有效服务单）	83.78%
今日成交单量（指代理记账或者 Ukey 托管）	4
累计成交单量	—
代理记账转化率（累计成交单量 / 累计有效服务单）	—
今日成交金额	9000
累计成交金额	—
今日服务单接通量	10
今日服务单接通率	71%
今日转交工商 OP[①]服务单量	3
累计转交工商 OP 服务单量	—
今日注册完成量	2

---

① OP 是 operation 的简称，指操作和运营岗位。

续表

今日数据	数量
累计注册完成量	—

通过表中的数据我们能够清楚地看到几项关键指标，比如一天的线索大约是十多条，基本都是有效商机；80%以上成交的业务为公司注册，这说明销售第一次转化是不错的；转化代理记账，现在还很少，原因是名称核准后才开始跟客户推荐代理记账业务。

所以，通过销售漏斗，可以对衰减严重的环节进行认真分析，找到解决方法。这里有两点经验可以分享给大家。一是当新的销售渠道开始建立时，老板必须亲自关注，这样才能第一时间知道问题，及时调整，保证从0到1的成功。因为任何新的合作，一定会产生各种问题，双方需要磨合，这时候老板必须拿出足够的耐心（甚至不惜暂时亏损）去尝试，毕竟一旦一个好的获客渠道尝试成功，对公司价值巨大。二是协调资源解决问题，包括公司内部的跨部门协调、与公司外部的供应商协调，让新渠道和新客户有很高的满意度。当合作渠道处于正常状态后，再逐步放手给销售负责人去管理，老板只看周报表、月报表。

其次，在会议上除了看销售数据外，还要看其他各个维度的报表。以我们公司为例，有每个团队和销售人员的报表、注册地维度的报表、产品维度的报表、客户来源维度的报表等。通过不同的维度，才能看清具体问题，对症下药，才能确定谁的工作真正做得好。

再次，开会的第二件事情就是发奖金，给优秀的销售发红包，让他们分享成功的方法。这既是表扬，也是对大家最好的培训，呼吁大家向有结果的人学习。

最后，开会的第三件事情就是确定下周目标，并当场确定对赌协议。在探索阶段，我们一般采取激励性对赌，也就是我会提出一个目标，让销售好的员工去冲击更高的目标，让团队去突破，当然也可以让两个团队对赌。这虽然是游戏，但真正优秀的销售和团队会为荣誉而战，在这个过程中，大家会为了目标想出各种办法提升业绩。

每周陪员工见 1 个客户

老板应当每周陪销售见一个同城的客户。

只有在一线见到客户，你才能真正知道你的客户在哪里；只有在一线见到客户，你才能知道客户选择和拒绝我们的真正原因，你才能有效调用资源来解决问题；只有在一线见到客户，你才能知道员工如何跟客户沟通，以及沟通中存在的问题；只有在一线见到客户，帮员工搞定客户，你的员工才会真正感受到老板对他的帮助。

每周约 1 位应聘者来面谈

第 4 个 1 是招聘问题，作为老板，应该每天在 BOSS 直聘上和 2 位应聘者沟通，每周从 10 位应聘者中约 1 位来面谈。为什么老板要亲自面谈？

因为招聘是人力资源最重要的工作，尤其是对销售的招聘，但不能单纯指望人力资源能招聘到好的销售，老板需要自己把时间和精力花在销售招聘上。尤其是小公司，前期的销售招聘，老板必须亲自上阵。对于公司而言，招聘到一个好的销售，等于公司经历了一个"涨停板"。

即使公司现在不缺销售人员，老板也要坚持每天聊，每周约人来面谈。因为销售的水平永远没有上限，如果真的遇到特别好的，就可以把不好的淘汰，为公司营造出"不安逸"的氛围，让落后的员工产生危机感，这就是狼性的企业文化。

老板也比主管更能发现人才，对特殊人才，只有老板才能做决定。

或许有人会问，老板很忙，也很累，这么多事情忙得过来吗？我可以肯定地回答，忙得过来。上面所提到的工作，平均到每天，其实只需要 1 小时。我们粗略估算：每周一次周会，1 小时；每周见 1 次客户，2 小时；每天聊 2 位应聘者，15 分钟；每周面试 1 位，1 小时……总共大约 5 小时，平均到每天只有 1 小时。而且，如果你真正热爱这个事业，每周至少要有一个周末处于工作状态。

【课后作业】

思考题：组建销售团队时，这"4 个 1"，你做到了几个呢？

---

024 讲 | 角色模型：大客户销售角色分析

　　我在前面介绍的是小公司对小客户的销售方式，如果公司拥有的都是大客户，则应该相应调整销售策略，因为大客户的角色有其自身的特点。

大客户的角色匹配

　　有这样一个消费场景：一家四口（爸爸、妈妈、孩子、奶奶）去商场给小朋友买衣服。到了童装店，店员熟练地进行了以下的流程：首先给孩子爸爸找个舒服的地方，倒上水，还准备了新闻和财经杂志；同时安排孩子奶奶坐下，并和奶奶聊起了家常；随后，店员给孩子拿出了奥特曼玩具；最后，店员重点问妈妈的需求，要给孩子买什么样的衣服。

　　这一系列看似理所当然的操作，其背后蕴含着销售的科学道理。我们将其与对应的角色进行分析。

　　表 6-3 中呈现的就是大客户销售的四个角色。

表6-3　大客户销售角色分析

角色	对应人员	对应措施
决策者	妈妈	重点沟通对象，满足她对产品的诉求
使用者	孩子	让他开心地接受妈妈选的衣服
辅助决策者	奶奶	让她开心，不要让她提出反对意见
支付者	爸爸	付钱的时候叫他即可

决策者，这是关键人物。在场景中，妈妈是决策者，因此店员必须向妈妈介绍清楚产品优势，包括价格、质量、材质等。也就是说，要关注决策者的核心需求：如果妈妈关心孩子的健康，就要将介绍重点放在面料材质上；如果妈妈关心时尚性，就要将介绍重点放在款式设计上。

使用者，在场景中的使用者是孩子，他几乎没有决策权，所以，店员只要安抚孩子，让他玩得开心，从而对该店产生好感即可。

辅助决策者，在场景中，奶奶充当了这个角色。作为家中的长辈，在这样的家庭氛围中，即使妈妈做出了决定，如果奶奶反对，妈妈也可能放弃。在企业销售场景中，如果老板认可，但是主管的副总提出了明确的反对意见，且具有一定的说服力，老板也会重新慎重考虑自己的决定。

支付者，场景中爸爸负责买单，他是支付者的角色。只要妈妈决定了，孩子很喜欢，奶奶也没有反对意见，爸爸就顺理成章地负责支付。但在企业针对大客户的销售过程中的支付者，也就是财务总监也可能提出异议。

比较复杂的大客户销售还涉及很多岗位，要层层沟通。我以财税服务中的案例做说明。我们曾经为一家大型上市公司在上海的分公司提供税务筹划业务，涉及金额 200 万元左右。当时，上海分公司的业务经理主动来向我们咨询，但真的要成交这笔业务，还需要获得分公司财务经理的同意。此外，由于涉及上市公司合规问题，还要搞定总公司财务总监、人力资源副总，甚至总经理。如此多的层级，我们应该如何推进？为此，必须厘清角色，针对不同的角色，采取相应的策略。

如表 6-4 所示，我们首先对客户公司的重要人员进行了角色定位。

表6-4　重要人员角色定位

角色	基层	中层	高层
决策者	分公司财务经理	总公司财务总监	总公司总经理
使用者	分公司业务经理	分公司业务总监	总公司业务副总
辅助决策者		分公司人力资源总监	总公司人力资源副总
支付者			分公司总经理

分公司业务经理——使用者、基层管理人员。对使用者而言，关键是要方便，所以我们需要让他们感受到我们的方案的便利度和稳定性。分公司业务经理是关键角色，通过他这一关后才能往下推进。所以我们邀请他到公司来参观，开会讨论初步方案。

分公司财务经理——基层决策者。与分公司业务经理初次沟通成功后，分公司业务经理将我们引荐给分公司财务经理，因为是税务筹划的业务，分公司财务经理具有一票否决权，所以，我们主要介绍的是方案的可行性，包括安全和筹划力度。在沟通的过程中，分公司财务经理明确告知她希望由她熟悉的会计师事务所来负责这个案子，我们通过侧面了解了竞争对手的方案，认真且诚恳地向分公司财务经理介绍了我们方案的优势，且安排她和分公司总经理与政府园区的领导和税务局领导当面沟通，让他们对我们充满信心。这就是把资源用在关键点上。

总公司财务总监——中层决策者。在上海分公司层面，使用者和决策者都确定后，与总公司财务总监的沟通就方便很多，我们从上海分公司了解到了总公司的详细要求和反馈，做了方案的细化和调整。

总公司人力资源副总——高层辅助决策者。我们还与总公司的人力资源副总进行了沟通，针对分公司人员劳动关系的调整，我们也给出了完善的解决方案。

将这些工作难点逐一攻克后，大约过了三周时间，我们与客户公司开了一次视频工作会议，上述表格中的所有人员均参加会议，最终，我们与客户顺利签约。

【课后作业】

思考题：你在与大客户的沟通中，有过这样角色分析的经历吗？

CHAPTER

7

第 七 章

心理契约

真正的服从，不是来自显性的法律契约，而是来自隐性的心理契约。

——艾德加·沙因

025讲 │ 心理契约：定义与价值

心理契约，双向奔赴

心理契约研究是当前人力资源、组织行为学和心理学等领域兴起的一个热门课题。它是指：员工以自己与组织的关系为前提，以承诺和感知为基础，和组织间彼此形成的责任和义务的各种信念。用通俗的语言表述就是：公司与员工除了劳动合同这类显性契约外所达成的隐性契约。

公司与员工签署的劳动合同，公司与员工约定了目标完成后的绩效奖金等，这些都是显性契约，也就是明面上的契约。心理契约是隐性契约，也就是双方就价值观以及公司对员工、员工对公司的预期所达成的某种一致和默契。很多时候，达成显性契约并不能让老板们感到很满意，而隐性契约的达成往往让老板们感到惊喜。

此外，当员工加入公司，公司能给予他们什么，他们需要付出什么，二者都存在一定的预期。每个人都会基于预期进行盘算，这种盘算是在每个人的心里进行的，这种心理交换的协议，也是心理契约。

心理契约有几个明显的特性。

心理契约是隐性的，不是明面上的，所以需要通过深入沟通才能达成。

心理契约具有不确定性和动态性，不同的人有不同的诉求，同一个人在不同的时间也会有不同的诉求，所以需要老板跟下属保持长期沟通才能达成心理契约。

心理契约是双向的——这对管理者来讲是最值得关注的，不是管理下属，而是双方达成一致，作为领导要了解员工的真正需求，之后当员工也认同领导时，这种双向的一致才意味着心理契约的达成。这与领导力的内容是一致的，领导力同样要求领导了解下属，解决下属的问题和困难，而不是管理下属。因此，了解下属的最好方式就是与下属建立心理契约。

为什么一定要建立心理契约

了解了什么是心理契约后，我们需要知道建立心理契约的必要性。

第一，心理契约以了解下属的真实需求为前提，不了解下属的真实需求，就无法实现管理目标。

在我们公司发生过一个真实的案例。我们的一位女性销售人员业绩一直很出色，常常荣获销售冠军，销售负责人想要晋升她为销售主管，但出乎预料的是这名员工并不愿意。销售负责人第一时间表示很生气，认为员工拒绝升职是故意不配合。后来，在与这名员工深入沟通后销售负责人了解到，她有一个孩子，且刚买了新房，每个月要还不少房贷，努力工作拿到更多的提成和奖金是为了减轻家庭经济负担，她很享受成为销售冠军的成就感，至于成为主管，她并没有管理经验也没有更多的精力。员工的真实需求和理由都是合情合理的，经过这番沟通，最终，我们给她配备了一位助理，做了妥善的安排。通过这个案例可以看出：不了解下属的真实需求，就无法真正做好管理；不了解下属真实需求的领导，也是不合格的领导。

第二，作为老板要清楚地认识到，很多时候，下属离职并非因为薪酬，而是因为误会导致工作不开心。而这些显然是没有达成心理契约所导致的。

第三，对于工作目标，双方要达成一致，公司希望员工完成的目标，员工也认同，这也是心理契约。如果没有达成一致，下属是为了完成公司的目标而工作，效果不会太好。

要做到这一点，就要注意与员工沟通时的方式。举个例子，假设公司希望会计主管把流失率控制在 7% 以内，A 老板对她说："小张，你这个组下个月的流失率必须控制在 7% 以内。"同样的情形，B 老板对她说："小张，你们组是我们公司的重要部门，但是现在我们流失率偏高，这样长期下去，流失的客户比新增客户还多，公司就维持不下去了。如果你能把流失率控制住，再加上销售的努力，整个公司就会进入良性循环的轨道，你的团队会壮大，收入会增加。所以，我希望你能给出一个降低流失率的方案。"

大家很容易看出两位老板沟通方式的区别，A 老板是命令式的、单向的，易让员工产生压迫感，长此以往员工会丧失工作积极性和主动性。B 老板的沟通让员工感受到了工作的意义，也感受到了自己的价值和使命，由此能够调动自我工作的积极性。

第四，除了工作目标，员工生活上和情感上的诉求，也是领导必须关注的。在前面的例子中，下属需要还房贷，这就是生活上的诉求。领导也要格外关注他们的心理和情绪变化，在他们工作压力大的时候，适当通过沟通等其他方式对其压力进行纾解，从而与其达成心理契约。

【课后作业】

思考题：你在工作中使用过心理契约吗？

026 讲 | 契约表单：用机制落地执行

心理契约的组成

虽然心理契约有很强的个体性和特异性，但从公司角度来说，可以大致将心理契约的构成分为三部分（图 7-1）。

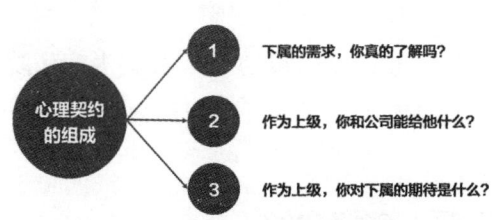

图 7-1　心理契约的组成

下属的需求，你真的了解吗

假设我们战略正确，工作的方法也正确，如果还不能得到正确的结果，那么问题则可能来自管理者，也就是管理者不能把正确的事情执行对。而在执行过程中最容易忽视的一个问题就是，管理者对下属并不真正了解，无法有效地领导团队。这点是非常致命的。

管理学大师彼得·德鲁克说："管理的本质是激发人的善意和潜能。"领导不了解下属，则难以激发出其潜能，甚至连下属有多大的潜能也无从知晓。

这也是"管理半径"理论的源头之一，也就是说，每个管理者最多直接管理 12 名员工，如果直接管理的人数过多，管理者了解每位员工的时间和精力会大打折扣。

我可以很负责任地说，了解下属的真实需求是管理的基本功，每层管理者都要做好这个工作。那些以令行禁止、习惯性发号指令为企业文化的公司，是不可能打造出好的管理团队的。

作为上级，你和公司能给他什么

了解了下属的真实需求后，公司就必须尽可能地满足这些需求。首先要为下属赋能，帮助下属解决工作上的困难；协助下属进行内部沟通；尽量帮助下属解决生活上的困难。其次，利用公司的资源为下属谋福利，比如：公司客户赠送的礼物，可以赠予下属；医疗企业有医院资源的，可以帮助员工解决生病住院的问题；员工贷款买房需要公司盖章，领导可以帮助协调人力资源部进行配合等。

作为上级，你对下属的期待是什么

公司赋能给员工，也对员工有一定的期待。在建立信任的基础上，作为管理者必须很明确地让员工知道公司的期待。

第一，业绩目标，这是最基础的期待。员工在收到业绩目标时的态度是积极且富有信心，还是无助而勉强，作为管理者需要对此有明确的判断，并了解员工完成该目标的计划以及困难所在。

第二，成长。公司永远希望员工能在工作中成长，因此，管理者需要和人力资源部达成一致，了解员工对职位晋升和学习培训的诉求，并对他们提出公司的期待。

第三，对于有潜力的员工，管理者要明确告知其公司的培养意向，让员工能有更大的积极性和动力投入工作。

心理契约的三类信息

了解了心理契约的组成后，就到了执行环节。我设计了一张简洁的表格（表7-1），主管通过表格内容与员工沟通，从而建立心理契约。

表7-1　作为上级，你对下属的期待是什么？

团队长		心理默契三类信息			心理契约是否有效		
序号	团队成员	B（员工工作的诉求）	A（公司可以给予员工的）	C（员工需要做到的）	团队是否明确A的内容	A和B是否匹配	对于B和C，员工是否很清晰地知道
1							
2							

沟通的内容与心理契约组成的三部分相对应，分为三类信息。一是下属在工作和生活上的诉求；二是领导和公司所能给予的资源和帮助；三是下属需要做到的目标。

或许有人会有疑问：心理契约真的有效吗？心理契约是否有效是基于主管是否真的了解下属、公司所给予的帮助是否与员工的诉求匹配，以及员工是否知道领导对他们的期待。

我之所以设计这张沟通信息的表格，一是为了让主管通过填写表格的行动，真正落实与员工沟通的工作，由此才能在全公司形成机制。二是把建立心理契约的过程简单化，便于执行和培训。

另外，我建议与员工沟通的频率为每半年一次。间隔时间太短易使沟通最终流于形式，间隔时间太长则容易忽略掉员工的变化。

创业公司落地心理契约

对于一家对心理契约这一概念还很陌生的初创公司来说，想要落地执行心理契约，应该从哪里着手？我们来看下面这家公司落地心理契约过程的案例。

首先，管理层封闭学习。学习的内容为心理契约的概念、实施的必要性，现场分小组讨论和分享。之后填写心理契约表格，通过表格内容的对照，管理层发现了对员工了解认识上的不足。在此基础上，再组织大家现场沟通，通过现场沟通的示范和效果，最后进行沟通培训，让大家认识到怎样才是有效沟通。

其次，机制化执行。一次集中性的封闭式学习显然不足以完成公司建立心理契约的长期目标，因此，公司还需要对此形成长效机制，比如每半年更新一次心理契约，也就是每半年重新填写一次心理契约表格。在填写时，管理者需要关注几个问题：一是表格中的下属需求是完整的吗？二是自己和公司如何满足下属的诉求？三是下属知道自己和公司对他的期待吗？这些问题都得到解决后，由人力资源部分负责复查。

【课后作业】

思考题：你会使用心理契约表格了吗？

027讲 | 学会沟通：与下属沟通的步骤

与下属有效沟通，是建立心理契约的基础。如何才能做到有效沟通呢？

有效沟通三要素

心态。首先是心态上必须具有同理心。沟通和交流的英文单词是 communication，这个单词的前缀 com 就是一起、互相的意思。即使在英语语境中，沟通也强调双向。所以，我们必须具有同理心，站在对方的角度思考问题。管理不是单向的传达任务指标、进行任务分解，而是双向的交流和沟通。

目标。其次是目标必须明确。作为主管，我们跟下属沟通前必须做好充分的准备，确立明确的沟通目标。比如要完成公司的任务，就要对任务进行合理的分解，将任务分解到与下属的目标一致；不仅要分解任务，还要了解完成这个目标有哪些困难，该如何帮助他们解决这些困难。

反馈。最后，沟通是为了得到反馈，因此，要关注沟通之后员工在行动上是否有变化，如果没有变化，则是一次失败的沟通。

为了让对方有反馈，我们需要主动提问。比如，一个表现不错的员工要离职，如果只做表面沟通，对方可能随便给一个离职理由，但我们需要的是正确的反馈。因此，我们要认真且真诚地问他离职的原因，哪怕得到的答案是"工作太枯燥乏味、重复性太高、没挑战没乐趣"，我们也可以进一步追问对方想要从事的工作。"我想做规划类的工作，我未来的目标是到大公司做管理。"假如听到这样的回答后，我们可以再提出问题："如果让你做公司的总经理，你觉得需要哪些能力呢？""产品能力、销售能力、演讲能力、管理能力。"显然，当这些答案脱口而出时，对方已经意识到了自己的不足，而此时，我们向对方列举出能在公司学到的能力，说服目的已经达到 90% 了。

所以，主动提问是得到反馈的最直接方式。

艰难的沟通

当然，并不是所有的沟通都一帆风顺，有三种情况的沟通比较艰难，但我们仍然必须面对。一是下属提升职加薪时，二是下属提离职时，三是劝退表现不好的下属时。

下属提升职加薪时

碰到这样的问题，我是这样应对的。

首先，自身心态要好，关注自己的薪酬和职位的员工反而好管理，因为他有诉求。那些没有诉求的员工才是麻烦的。

其次，看这名员工的个人能力是否处于较高水平。如果能力确实不错，跟市场上同等能力的员工比较，确实收入偏低，可以进行调整。但先要设置一个绩效，如果达到目标即可实现诉求，如此更为合理。

最后是理由。我非常关注加薪的理由。如果一名员工认为自己的工作量过大，应该加薪，这个理由大多时候会被我驳回，因为公司招聘时通常是按照个人能力支付待遇的，因此工作量的安排也与个人能力相匹配。但如果有员工主动要求公司为其定绩效，并在完成绩效后为其发奖金，我个人十分认同。

下属提离职时

优秀的下属提出离职时，我们需要分三步走。

首先，了解离职的全部原因。

这是考验心理契约是否达成的机会，如果达成心理契约，员工就会给出真实完整的离职原因。

其次，判断哪个是主要原因。

离职的原因归结起来大部分为薪酬太低、工作发展前景不好、工作氛围不和谐等。如果真的是薪酬低，我在前面内容中已经提供了解决方案。如果是发展问题，既要看员工的发展潜力，也要自我反省是否公司发展速度太慢。如果是工作氛围，则要找到前因后果，借用年轻人的话说："没有什么误会是一顿火锅不能解决的。"

再次，提出解决方案。知道了主要原因后，就能给出相应合理的解决方案。

曾经有个跟了我很多年的主管向我提出离职，我是这样跟他说的：你现在去外面找个工作差不多 1 万元 / 月，我现在给你的是 1.2 万元 / 月，这 2000 元其实是信任溢价。对我而言，自己信任的人，为我减少很多信任成本，我愿意多支付 2000 元；对你而言，你去一个新公司，建立信任至少一年。我坦诚地跟他算了个账，他留下来了。

劝退表现不好的下属时

对大部分人来说，拒绝别人都是一件较为尴尬的事，冷酷无情地开除也并不是一个完美的方式。所以，当遇到不合适的员工时，我们要人性化地进行沟通，让彼此体面地说再见。要达成这样的结果，首先在心态上，我们要认识到，让不合适的人离开，对公司和他们自己都是好事。其次在行动上，不要让劝退发生在最后一刻，要让对方有心理准备，在他工作成绩不好时要及时指出并给予指导。最后在沟通上，虽然是辞退员工，但在情感上要关心对方，做到"无情的规则，有情地处理"。

【课后作业】

思考题：在下属提出加薪、提出离职，或者你劝退下属的时候，你有好的经验分享吗？

---

028 讲 | 人才盘点：科学评价员工

通过与大量的中小微企业沟通后，我发现，大多数老板们对于团队管理通常有这样一些困惑：公司这些员工中，哪些好哪些不好？应该怎样正确评价员工？现在的人才能适应未来的发展吗？要解决这些困惑，有个好的人力资源工具，叫"人才盘点"。

人才盘点的目的

1. 人才分类，识别人才。所谓盘点，就是全方位地、科学地评价全体员工，然后识别高潜力的人和需要淘汰的人，这是人才盘点的最重要目的。

2. 帮助管理者科学评价人才。因为每个人都会凭感觉看人，往往带有主观因素，所以我们需要用科学的工具来理性地评价人。

3. 统一公司的人力资源评价标准。每个管理者的评价标准不一样，在一个公司里面是很麻烦的，通过人才盘点，大家可以统一标准。

4. 人尽其才，将合适的人放到合适的位置上。

人才盘点九宫格模型

人才盘点最常用的模型叫作九宫格模型（图7-2）。它从能力（潜力）和绩效两个维度对人进行分析。绩效是当前的状态，能力（潜力）是未来的可能。

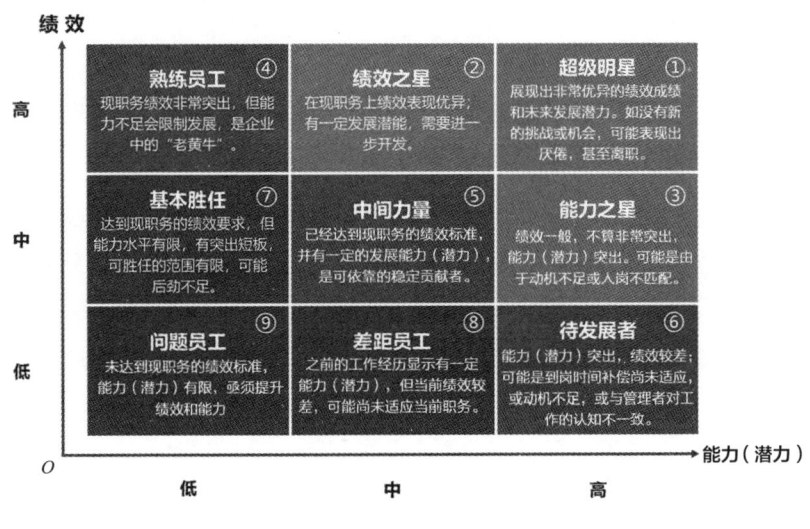

图7-2　九宫格模型

需要说明的是，绩效以当前的业绩为基准，且时间上必须统一，比如对每个员工都评价其最近半年的业绩。能力（潜力）的标准偏主观，可以参照我在前面章节所提到过的不同层级员工的能力四边形（图4-1），或者可以简单地用领导力和逻辑能力来衡量，总之，是否有带领团队解决问题的能力是关键。

接下来，我将对九宫格模型进行剖解。

1. 绩效好，能力（潜力）也很强，在第①格。这是公司的超级明星员工，是最值得珍惜的人才。但是，需要注意的是：这类员工往往目标感强，自我要求高，如果缺乏挑战，他们可能会离开。所以，"要留住千里马，我们自己得有大草原"。努力增长，把公司做大，才能让优秀的人才有发挥的空间。

2. 绩效好，能力（潜力）一般，在第②格。我们要进一步确认：员工的潜能真的只有这么多，还是我们开发激励得不够。

3. 绩效一般，能力（潜力）强，在第③格。这类人才不能浪费，要找是公司的原因，还是岗位不匹配的问题。如果是公司的问题，就要调整公司绩效机制。

以上三类人才是老板应该重点关注的，把他们用好，公司的核心团队就会很有战斗力。

4. 绩效好，但能力（潜力）差，在第④格。这类"老黄牛"型员工忠诚于公司，工作熟练，也很认真、稳定，但是缺乏带团队的能力。

5. 绩效一般，能力（潜力）也一般，在第⑤格。这类员工属于大多数，我们需要良好的人力资源体系让他们发挥出价值，他们是公司的中坚力量。

6. 绩效差，但是能力（潜力）很强，在第⑥格。这是最需要管理者去做工作的一类人，把这类人用好，才能体现管理者的价值。

以上三类人才是大多数，考验我们日常管理的基本功。

7. 绩效一般，能力（潜力）差，在第⑦格。对于这部分员工，只能安排他们在普通的工作岗位工作。

8. 绩效差，能力（潜力）一般，在第⑧格。对他们需要观察一段时间，不行则立即淘汰。

9. 绩效差，能力（潜力）也差，在第⑨格。对于这部分员工，应该毫不犹豫地淘汰。

对以上三类人才总体上谨慎使用，他们处于淘汰圈。

财税服务公司的人才盘点

我以财税服务公司作为案例，来说明九宫格模型在创业公司的应用。

九宫格模型右上角的三类人才，大约占公司总员工数的25%，对于他们，我们所做的主要工作如下。

1. 留住他们。创业护航采用了阿米巴模式，独立核算，让他们有更大的挑战，也给了他们更好的发展空间，公司收益和个人收益都普遍上涨。

2. 反思公司的战略方向是否正确，如果公司的战略选择有问题，这类人才努力也没有用，反而造成人才浪费，公司一定会出现问题。

3. 和他们建立心理契约，与他们形成共同的目标，使他们认同企业文化，并通过股权激励等方式和他们成为事业共同体。如果能与核心骨干成为事业共同体，整个团队的战斗力将提升一个级别。

九宫格模型中间的三类人才，大约占55%，是公司的大多数，针对这部分群体的主要工作如下。

1. 日常管理的基本功要扎实。首先是方法对，他们只要用公司给的方法，就能能轻松地增加收入，就能努力工作，为公司创造价值。这也是我们重视方法论的原因，公司不指望大多数人都能够创新突破，提炼出好的方法，让员工轻松获得收入，才是硬道理，这就是管理者的价值。

2. 人力资源的绩效机制要科学，因为员工只做你考核的工作。

3. 他们中有很多是公司的基层主管，要对他们进行领导力的训练，落实心理契约，把日常管理清单化。

九宫格模型后面三类人才，大约占20%，大多是基层员工，针对这部分群体的主要工作如下。

1. 重视招聘，招聘更优秀的人替代他们，所以招聘是人力资源最重要的工作。

2. 果断淘汰不合适的人，尤其是第⑨格的人，不淘汰会给公司带来负面影响。

3. 规范流程和检查机制，比如我们公司设立了查账组，严格检查质量，另外给这些员工安排相对简单的工作，用流程和质量控制保证他们的工作质量和效率。

【课后作业】

应用题：请用九宫格模型对你公司的人才进行盘点。

CHAPTER

8

第 八 章

借用品牌

超级符号就是超级品牌。

——华杉

029 讲 | 借用品牌：小公司借助品牌启动

　　品牌是企业的无形资产，品牌一旦形成，就能持续为企业创造价值。但在大多数人的观念里，品牌往往与大企业和老企业相关联，小公司也需要关注品牌吗？答案是肯定的，原因有两方面：一方面当我们自己的公司很小的时候，可以借用大公司的品牌来让自己的业务快速启动；另一方面，我们需要有品牌意识，尽管我们还小，但是如果我们从小公司开始就有品牌意识，那么我们的公司一定会很有价值。

　　品牌的最终极效果，就是能够定义一个行业或一个品类，比如：苹果手机代表了智能手机；谷歌代表了搜索引擎；阿里巴巴代表了电子商务；微信代表了即时通信工具。对于我来说，我的梦想就是，提起注册和代理记账公司，大家会想到创业护航。

　　这就是品牌的力量。那么究竟什么是品牌呢？下面我从品牌三大原理的角度来阐释品牌的内涵。

品牌原理之一：社会监督原理

我们常说，品牌是一把刀，一把你递给消费者的刀，如果你的产品出现问题，消费者可以拿这把刀来伤害你。也就是说，品牌是对客户的一种承诺，品牌要呵护客户，要严格要求自我，不让客户失望。

2005 年 "3·15 消费日权益"，肯德基爆出苏丹红事件。肯德基在第一时间诚恳道歉并采取一系列措施，对整个供应链进行了更严格的管控。十多年过去了，大家依然信任肯德基。肯德基之所以会快速做出反应，是因为它清楚地知道，自己产品出问题，消费者可以拿品牌这把刀来攻击自己，甚至让这个品牌在市场上消失。因此，一个希望长期经营的品牌，会无比在乎自己的声誉，像呵护羽毛一样呵护自己的品牌。

其实，在我们自己的财税服务行业，也需要一个这样的品牌。目前，创业护航正在逐渐形成这样一个负责任和靠谱的品牌形象。我希望有一天能做到公开承诺：如果我们在客户业务上出现了任何差错，我们即刻赔付！一旦出现问题，对于客户而言，他们更愿意看到赔偿的这个行为，而不只是听听口号。

品牌原理之二：成本原理

从客户的角度而言，消费者通常愿意选择品牌公司或者品牌产品，付出的成本低是其中的重要因素。从客户挑选产品到购买产品的过程中，会产生七大成本（图 8-1）。

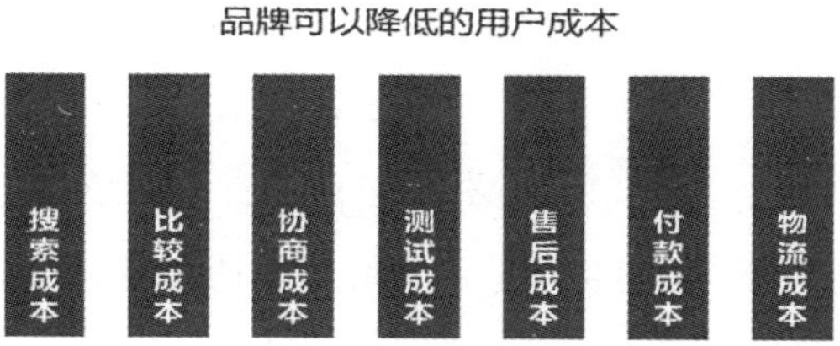

品牌可以降低的用户成本

搜索成本　比较成本　协商成本　测试成本　售后成本　付款成本　物流成本

图 8-1　七大用户成本

搜索成本

搜索成本是指为找到某物品市场最低价而支付的各种费用、时间、精力及遭遇的各种风险的总和。

我母亲有痛风症状，时常要去医院就医，选择哪个医院和医生，我往往要在网上耗费大量时间进行搜索，还需要咨询医生朋友，我所耗费的时间、精力都是搜索成本。

如果有一家知名的治疗痛风的医院，诚信又专业，就能节省我的搜索成本，这就是品牌带来的用户成本的降低。

比较成本

如果一个行业没有知名品牌，客户就得进行比较。

比如消费者到市场上买海鲜，得到不同的摊位，看海鲜的新鲜程度、看产地、看价格，为了买到合适的产品，你得花时间和精力去比较，这就是比较成本。

如果有品牌，比如盒马鲜生，它对供应商的产品进行过严格的筛选，品控质量高，且明码标价，消费者可以直接购买，这就节省了消费者的比较成本，还减少了比较焦虑。

协商成本

我们都有过购物时讨价还价的经历，而讨价还价就是最典型的协商过程，在这个过程中我们所付出的精力和时间就是协商成本。

比如关于一台二手车的买卖，交易双方会对价格、车况、交付、保险等多个方面进行协商，其间所付出的协商成本比较高。再比如客户找我们公司做账报税，通常会担心出错，如果是复杂业务，还需要讨论各种处置方案、分期付款等事项，协商成本也较高。

但是，如果对方是品牌企业，我们基本不需要付出协商成本。比如大家去 Gucci 消费，必对其质量、售后服务、价格都有一定的了解，协商成本低且几乎没有协商的空间，因此节省了协商成本。这就是品牌的价值。所以，协商成本，也就是为了保证双方执行条款所必须付出的提前防范的成本。品牌的价值在于让客户信任商家，消除防范。

测试成本

测试可以被简单地看作试用。比如，二手车交易，消费者对二手车的性能不能通过外观来判断，对于发动机是否受损、车辆里程是否准确、是否发生过严重事故等，消费者甚至需要找专业机构进行付费测试。这就是测试成本。如果有一家二手车交易品牌，确保能把这些专业问题都如实告知消费者，也就能够节省消费者的测试成本。

我们创业护航有机会与一些大企业进行合作，或者成为电商平台的服务供应商，为其提供工商和财税服务。为了确保服务的质量，我们也需要尝试几单进行测试。这是我们在创建品牌的道路上，主动帮助客户减少测试成本。

售后成本

消费者在购买商品后，会遇到商品质量问题。如果卖方是非品牌企业，消费者可能会遇到卖方扯皮推诿的情况，这就是消费者所付出的售后成本。如果一家财税服务公司，在客户支付了费用之后，却常常要求客户进行补交材料、重新签字提交等繁琐的细节操作，甚至因为工作失误导致客户的损失，这就是在增加客户的售后成本。

但是，如果是一家品牌企业，有着可靠的售后保障，消费者不用为产品售后而烦心，这就减少了消费者的售后成本。

比如，多年来，海尔公司一直以完善的售后服务品质深得消费者信赖，这就是为消费者节省售后成本所赋予的品牌价值。

付款成本

大到跨国交易，小到跨省交易，都可能存在支付成本。比如跨国企业在进行交易支付时，不同国家间的汇率换算问题、支付时间问题、钱款到账时间问题、不同银行间的结算问题等，都是支付成本。

但是，VISA、MasterCard、银联等品牌支付机构的业务遍及全球后，帮助消费者解决了大部分的支付问题，进而减少了相应的付款成本。

在国内，支付宝诞生之后，解决了交易双方的信任问题，降低了付款成本。

物流成本

物流成本指的就是商品运输时所付出的成本。但对于服务行业或提供无形产品的行业而言，消费者在购买时不存在物流成本。

关于品牌企业帮助消费者减少物流成本，我以京东为例。京东以物流快和送货上门而闻名，因此，消费者在京东购买其自营产品时，不用担心物流所带来的时间上的消耗，以及配送时可能遭遇到的其他问题。

品牌原理之三：资产原理

品牌资产就是能给我们带来效益的消费者的品牌认知。这是华与华公司的品牌方法论，我非常认同。

品牌最终会形成公司的资产，如何建立品牌资产呢？

1. 把过去的每一笔花费都变成资产。比如，创业护航不仅投放百度广告，还投放户外广告，户外广告不能直接带来客户，不能带来短期收益，但却会使创业护航这个品牌逐渐在客户心目中建立起来，成为公司重要的无形资产。我们招聘更专业的人员，投入大量培训支出，还搞技术研发，都是为了让客户有更高的满意度，这些都在积累口碑，积累品牌资产。

2. 在逐渐积累品牌资产的过程中，我们在不断增加新客户，不断增加以财税为核心的产品，客户会因为我们的靠谱和知名度来找我们，这就是品牌资产的零存整取。

我们强调"服务即营销"，就是要形成品牌资产，我们希望在客户那里获得两个收益：一是客户购买我们的服务，二是客户说我们好。总结起来，就是"买我服务，传我美名"。

借用品牌快速发展自身业务

有两类创业者：一类是一开始就要建立自己的品牌的，那就要知道这章讲述的品牌底层逻辑；还有一类只想先做生意赚钱，那就可以借用别人的品牌发展自己。

如何借别人的品牌呢?

在前面的章节中,我介绍过自己的创业经历,从最开始得到授权,以政府办事处的名义开展工作,这是借用政府的信用背书,让自己的业务快速发展。这种方式的最大好处在于,公司起步阶段规模小,以政府办事处的名义做事容易取得客户信任。需要说明的是,这种方式必须得到政府授权,否则就是违法。

现在还有一种常见的创业方式——连锁加盟。百果园、周黑鸭、全季酒店在全国有成百上千家的加盟店。在如今中国的任何行业,几乎都能找到加盟品牌,创业者要做的是识别这些品牌,找到合适自己的品牌加盟。加盟的好处显而易见:品牌已经有了市场知名度,自己只要做好服务即可;品牌方已经验证了行业方法论,自己执行即可;品牌方整合了产业链上下游,自己只要关注店内运营即可。我们创业护航联盟也是用这种方式走向全国的。

另外一种创业方式,就是成为大品牌的渠道或者供应商,借用大品牌的信用。最常见的就是淘宝平台,任何小店都只要在淘宝这个大品牌的平台上销售即可;还有在小米生态链中承接某一环业务的工厂,有小米背书,也能得到客户的信任。

还有一种制造业的创业之路,就是代工,比如福建的制鞋企业从给世界名牌代工开始,建立了自己的核心能力,进而建立自主品牌,比如特步、鸿星尔克。现在依然有很多工厂都处于这样的状态。

【课后作业】

思考题:你如何看待自己公司的品牌呢?

---

030 讲 | 品牌名称：好品牌从取名开始

让大家记住自己的公司是品牌建立的第一步，而能让人们记住的，首先是品牌的名称。

随意的企业名称

我曾经有一个惨痛的经历，那也曾是我缺乏品牌意识的表现。2007 年，我在成立财务公司的时候，将公司取名为"励楚"，原因是我夫人姓励，而我是湖北人，湖北在古代被称为"楚"。这个名称完全从个人情感出发，带有太强的个人属性，却无法让客户感知，是非常糟糕的名称。

2011 年我成立了上海企盈中小企业服务平台，企盈代表了"企业盈利"的寓意。但是，当时没有考虑同音字的可能性，结果很多客户把"企盈"写成"企赢"，造成了混淆，所以，这个名称也不适合做品牌。

我还有一家财务公司，叫作"风景线"，初听上去，会让外人以为从事的是旅游行业，与财务公司的业务十分不匹配。

后来，为了开发代理记账行业的管理软件，我们成立摩羲科技，当时公司的合伙人以犹太人的先知"摩西"为灵感起了这个名字，寓意我们是财税服务行业的先知。但由于名字过于生僻、笔画繁多，也不容易记住。

好名称应该长什么样

我们先看几个案例。

案例一：西贝莜面村

"莜"字是个生僻字，有些人不认识。华与华公司在给西贝莜面村做品牌咨询的时候，借用了"I love New York"这个超级符号，将西贝莜面村这个看起来有点土的品牌打造成时尚品牌。"I love 莜"这句广告语也让大家很自然地读出这个"莜"字。从此，西贝将"爱"作为企业的文化和市场营销手段，在有爱的节日里推出各种营销活动。这是将"I love New York"这个公有资产私有化，是非常好的品牌重塑。

案例二：固安工业园

固安县是河北省廊坊市下属的一个县，尽管它是战国时期燕国的属地，荆轲刺秦王的故事就发生在此，但是，固安这个地方大部分人都没有听说过。而且人们也很难将历史故事与工业园联系在一起。

通过分析固安工业园的特点，华与华公司发现了它的一个重要属性是区位优势。所以，华与华公司给它的方案是"固安工业园，我爱北京天安门正南 50 公里"。天安门正南 50 公里，非常精准地告知区位，"我爱北京天安门"是所有人都知道的儿歌歌词。

固安县为此还购买了这首歌的版权，改动了其中的歌词。

这也是把天安门这个公有资产合法私有化。通俗地说，就是傍上天安门这个超级大 IP。

案例三：创业护航

再回到我自己的案例，经过了多次的起名失败后，我也提高了自己的品牌认识，如今，我们的公司叫作"创业护航"，寓意是为创业者保驾护航。外界通过这个名称能直观地感受到我们是一家为创业者服务的公司。我们的注册商标也与公司名称一致，不会给大众造成不必要的困惑。

从 logo 设计上来看，我们采用了将船头异化的方式，体现护航的寓意，同时，红色元素也彰显了公司热情开放的企业文化。

通过上面的案例，我们可以总结出关于名称的几大重要特点。

第一，名称需要让大众一眼知晓公司所从事的业务，且读音朗朗上口。

第二，取名称的时候不能只考虑获客效果，还要考虑品牌传播。

第三，要善于把公有资产私有化。

第四，需要进行与名称相匹配的推广。创业护航投放了大量的户外广告，我们筹建了创业护航营业执照博物馆，借助营业执照的历史来体现企业的情怀。这些都是品牌逻辑。

第五，名称只是表面，名称的背后是经营者的决心。创业者开始做品牌时，内心深处的决心会体现到日常行为中，比如会开始刻意关注客户满意度，会思考企业如何更长久地发展，会开始打造企业文化，这些都是对品牌的投资。

【课后作业】

思考题：你在公司名称和表述中，是如何考虑品牌传播的？

031 讲 | 品牌模型：
品牌的冰山模型和品牌运营

　　品牌包含知名度和美誉度。以财税服务行业为例，在普遍难以推广知名度的情况下，企业应该将注意力放在如何提升美誉度上。如果我们将品牌打造比作一座冰山，那么，品牌的知名度只是冰山露在海平面以上的一小部分，潜在海平面以下、不为人所看到的市场营销体系、人力资源体系、服务体系，才是支撑品牌的力量（图8-2）。

图 8-2　品牌的冰山模型

市场营销体系

从品牌的角度，可以梳理出市场营销体系的三个重点。

第一，真正做到以客户为中心。

刘润老师曾举过一个例子：厨师征求鸡的意见。"今天晚上要把你做成食物，你是选择红烧、炖汤还是清炒？"鸡说："我不想被做成食物。"厨师说："不，我以你为中心，你只需要选择你喜欢的方式。"这个例子告诉我们，一些看似以客户为中心的选择，实际上是以公司为中心。

比如一家财税服务公司告知客户："我们目前还是小公司，人员也不是很专业，但是未来我们会很好的，请你现在把账务交给我们做。"这不是以客户为中心，而是以公司为中心。但如果公司说："这个业务目前不是我们的强项，您可以去找另一家财税服务公司，他们更专业，等我们这个业务进步了之后，希望您能选择我们。"这才是真正站在客户的角度，以客户为中心。

从公司的角度来说，努力获取客户并没有错，但是我想强调的是，如果我们还没有准备好，就要先努力练内功，当我们能比竞争对手给客户带来更多价值时，才能形成真正的品牌。

第二，客户鱼骨图。

我在前面章节介绍过服务鱼骨图（图3-3），现在我将从品牌角度再对其进行一次梳理。

财税服务行业有个明显的难点，就是服务周期很长，不像电商货物交易，发出快递交易基本结束，我们的服务环节涉及触达、接待、签约、交接、名称核准、出执照、银行开户、做账报税等多个节点。但这既是难点，也是优点，因为涉及节点多，因此能服务好的公司少。只要我们能在各个节点加强管理，将流程系统化、标准化，真正做到"以客户为中心"，关注客户体验，就能从整体上提升我们的竞争力。

我们测算过，如果服务鱼骨图上每个节点的客户满意度都能提升10%，那么10个节点就能提高2.59倍。这个行业没有所谓一招制胜的法宝，唯有通过复利原理才能提升客户体验。每个节点我们还有量化标准：基础服务60分，满意服务80分，感动服务90分。在每个节点，都需要追求感动。前面讲过，感动客户才能实现推荐，这就是转介绍的底层机制。

第三，通过流程确保客户体验。

能想到，还要能做到。而想要做到，就必须设置可检查的流程（表8-1）。

表8-1 关键流程

流程序号	流程节点	流程动作规范	品牌目标
1	首次触达	1. 展现创业护航名片 2. 主动介绍企盈中小企业服务平台是上市公司子公司 3. 全国连锁	露出品牌 亮出实力 传达出全国性公司这一信息
2	商机确认	欢迎到公司	争取主场优势
3	客户上门	1. 前台接待 2. 参观公司 3. 销售道具、结构化咨询	令客户赏心悦目 规模与文化 展现专业度
4	签约	假设成交	签约
5	过程服务	1. 节点数字化通知与交付 2. 沟通会计让客户满意 3. 数字化关怀	客户良好体验 有效沟通 以情感人

这些关键流程的背后，都有其品牌意义。

首次触达——在客户不了解我们的情况下，我们的标准动作有三个：出示名片，展示创业护航品牌；介绍企盈中小企业服务平台是上市公司子公司，亮出实力，让客户更信任我们；告知创业护航联盟是全国性质的联盟，更进一步获得客户的信任。

商机确认：努力邀约客户上门，只有客户上门后，我们才有足够的展示空间，客户能在现场感知我们的品牌，成交概率会大大提升。

客户上门：前台接待要专业且赏心悦目；带领客户参观公司，要做到动线规划合理，能让客户在短时间内对公司有大致全面的了解；沟通阶段通过道具辅助、结构化咨询，给予客户专业化的体验。

签约环节：销售人员要做到充满自信，假设成交，帮客户做决定。

过程服务：后续服务中，在关键节点通过企业微信通知客户，做账报税的结果通过数字化交付，让客户感知我们公司的高效和科技化；训练有素的沟通会让客户觉得舒服，可以启动代理记账公司的增长飞轮，形成正反馈；在客户公司成立周年日，系统发出温馨的祝福，让客户记起创业这些年来的酸甜苦辣，以情感人。

这些融入流程的服务，既有人性化的手段，也有科技的辅助，一切都是为了通过提升客户体验来树立品牌形象。

服务体系

冰山下的第二大体系是服务体系，作为服务行业，服务是品牌保证的中坚力量，因此，提升服务质量是品牌最有力的支撑。

在创业护航，我们将客户服务部门称为"客户成功"部门，客户成功（customer success）的定义源自美国，指的是确保客户在使用自己的产品和服务时获得成功。从本质上讲，就是针对会员的业务，要确保客户长期续费，那么就必须让客户成功地使用公司的产品和服务，否则客户就不会续费，更不会推荐。

我们将客户成功的应用分为四层。第一层，做账报税成功，这是质量保证，也是最基础的客户成功。为此我们制定了质量标准，成立了查账小组专门负责质量，设立了"红黄绿牌"制度，出现问题即举牌。第二层，客户满意。当专业的会计告诉客户提交一堆专业的财务资料时，刚刚起步的创业者往往一头雾水，这种时候，专业并不能让客户满意。所以，我们认为，要让客户满意首先要做到回复及时，与客户经常性沟通。第三层，价值赋能。在财税服务公司，价值赋能就是指满足客户除了日常做账报税以外的其他需求，比如商标注册、金融贷款、法律服务等行政性需求，帮助客户一站式解决创业时的一系列问题。对公司而言，这些增值业务不需要支付获客成本；对客户而言，不需要花时间精力寻找不同的服务供应商。第四层，商业成功。意思是公司能够对客户的商业本身有帮助，比如使创业护航平台上的客户互相有生意往来。

无论是客户成功还是客户服务，所有执行上的细节都是为了提升服务质量，进而赋予企业品牌更高的价值。

人力资源体系

从本质上来说，经营公司，就是经营客户、员工和公司组成的三角形。从品牌的角度来说，服务行业，把员工经营好是品牌冰山下的重要基础。要感动客户，先感动员工；如果员工不开心，客户不可能开心。关注人力资源，是建立良好的雇主品牌。在此，我用员工鱼骨图来表述和管控（图8-3）。

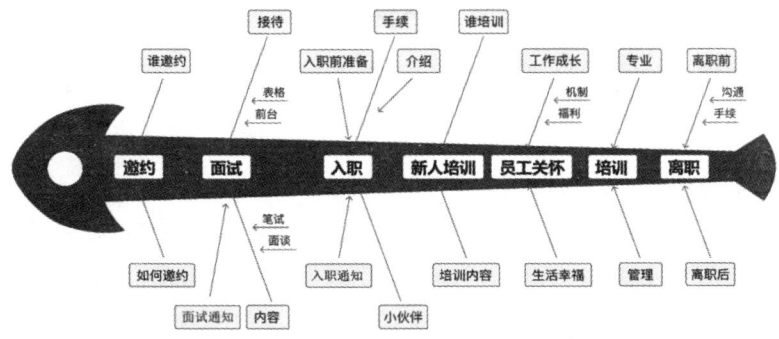

图 8-3　人力资源体系

　　邀约和面试。在这两个环节，要让面试者参观公司，即使对方没有机会加入公司，也能对公司做出正面评价。要抓住每个机会宣传公司品牌。

　　此外，还要足够尊重面试者和员工，我们尊重员工，员工才能尊重公司的文化，才能尊重客户，才能给品牌加分。

　　新人培训。在这个环节建议老板亲自介绍行业和企业文化：通过行业数据分析，让新入职员工喜欢上这个行业；通过讲述自己的故事，让大家深刻理解我们的愿景和价值观，让员工真正为这个品牌而感到骄傲。

　　员工关怀。要将对员工的关怀落到实处，比如调整孕期女员工的上下班时间等。

　　离职。在这个环节我们也需要做好充分的沟通，这是从员工角度做好品牌维护的最后一环，尽量让员工满意地离开，这样他们即使不能服务公司，也还会推荐客户或朋友。

品牌运营：创业护航联盟案例

从了解品牌概念，到树立品牌意识，再到建立品牌，走过了所有流程之后，我们需要面临的是品牌运营的问题。我以财税服务行业的初创公司为例进行介绍。

对于创业者而言，一切从零开始时，最快捷的创业方式就是选择一个品牌加盟。比如，要成立一家财税服务公司，可以选择加盟创业护航联盟。从市场信任度来看，对于一家初创公司来说，借助创业护航联盟的品牌影响力开拓市场，是最便捷有效的方式之一。从成本投入上来看，初创公司如果想要体现专业化和正规化，可能需要租 500 平米的较大空间作为办公场所，招聘 10 名以上的员工。但是加盟之后，由于依托的是全国连锁的平台，客户对于全国连锁有足够的认知度和信任度，因此，在办公空间的投入和人员的投入上可以进行相对缩减，从而减少初创公司的成本。再从公司运营上来看，初创公司规模小，团队构成不完整。加盟品牌之后，可以依托品牌方的人才资源和经验优势，获得公司经营上的帮助，并迅速成长。

从品牌运营的角度而言，创业护航联盟给加盟商进行赋能的同时，也在不断输出自己的品牌价值。

比如，创业护航联盟的市场部门为加盟商提供各种品牌营销物料。

1. 文化墙内容：加盟公司的简介、愿景使命价值观（即创业护航联盟的愿景使命价值观）、产品地图、标杆客户（依托加盟的优势，全国范围内的加盟企业所服务的知名企业客户都被纳入创业护航联盟这一品牌的客户体系中，即使加盟公司尚未服务过知名企业客户，也将获得这些知名企业客户的背书）、总部支持（包括服务体系、交付质量保障、税务师事务所、摩羲云、全国园区、培训体系）。

2. 前台背景墙内容：公司商标和标语。

3. 其他物料：一整套 VI 设计（名片、微信头像、易拉宝、手提袋、授权牌等）。

所有这些物料中都包含了创业护航联盟的品牌输出，是品牌运营的重要体现，能够帮助加盟企业在最短时间内获得客户的信任。越是小公司或初创公司，越需要品牌的支持。

【课后作业】

思考题：你的公司在打造品牌时做了哪些工作？采取了哪些措施？

CHAPTER
9

第 九 章

情绪价值

能控制好自己情绪的人，比能拿下一座城池的将军更伟大。

——拿破仑·波拿巴

032 讲 ｜ 情绪时代：时代的情绪价值

人是情感类动物，我们所有人都无法逃避喜怒哀乐的情绪。用户为了获得某种情绪和感受，而愿意支付的价值，就是情绪价值。

安踏、李宁掀起的国潮

长久以来，耐克和阿迪达斯一直是全球运动品牌市场的王者，然而，近年来它们在国内市场遭遇了前所未有的挑战。以安踏为代表的国货品牌正在打破耐克和阿迪达斯的垄断地位。安踏 2021 年的财报显示，公司 2021 年的营收达 493.3 亿元，大幅度超过阿迪达斯的 343.4 亿元，紧追耐克的 510.2 亿元。而李宁 2021 年的财报也显示，集团年营收达 225.72 亿元，同比大涨 56.1%。为什么会这样？因为这个时代已经让中国年轻人充满自信，中华民族自豪感的情绪价值支持这些国潮品牌冉冉升起。

江小白的"表达瓶"

腾讯营销洞察 2020 年的资料显示，白酒六类典型消费者分别是活跃中老年、新入圈年轻人、拼搏打工人、高线新中产、高端商务人士、新势力女性。其中，30 ~ 39 岁和 40 ~ 49 岁的人群对于白酒的认可度较高。在这样一个竞争激烈的市场，江小白异军突起，通过"表达瓶"的营销设计，把喝酒时的情绪公开宣泄出来，比如："单身或脱单你来把控节奏，只因你不想被年龄定义人生"；"你可以假装热爱工作，吞下无补贴不调休的苦水，再打印一封拟好的辞职信"；"陪你去走最远的路是我最深的套路"；"生活需要为自己奋斗，也是为梦想打工"；"我们习惯在朋友圈相互仰慕，却在现实中形同陌路"；"如果是对的人和对的味道，什么下酒菜都不重要"。

这些看上去大胆直白的表达，其实正是许多人心中压抑已久想说而不敢说的话。对于现在的都市人来说，无论是青年还是中年，生活和工作压力往往需要在酒后才能得到宣泄。江小白切中这一市场需求点，让"表达瓶"与消费者产生情绪共鸣。

泡泡玛特的盲盒猜想

从 2010 年开出第一家线下店，到 2020 年在中国香港上市，泡泡玛特市值一度突破千亿港元，其财报显示，2021 年公司营收为 44.91 亿元。这家年轻的潮玩公司，通过盲盒营销，迅速在中国市场崛起，甚至扬帆出海。

它做对了什么？泡泡玛特抓住了人们的情绪价值——在打开盲盒的那一刻，用户看到的大概率并不是自己特别想要的公仔，通过与其他玩家的交换，产生互动与成就感，这些情绪很有价值。

钉钉的示弱

新冠肺炎疫情期间，钉钉作为上网课的工具，被许多学校推广使用。这一广泛存在于职场的通信工具，遭到了学生们的暴击，来自学生的万千差评让钉钉一度登上热搜。

面对这一突发状况，钉钉的公关团队出奇制胜，他们没有解释，而是在 B 站发了一首名为《钉钉本钉，在线求饶》的歌曲，歌词写道："少侠们，请你们饶命吧。你们都是我爸爸……我也不想连累老师和你们，我被选中实在没办法。"这种卑微的姿态，就像一个跪地求饶的弱者，在 B 站这个年轻群体集中的大本营，钉钉的"求饶"视频成为热点。视频中的弹幕让受众的情绪得到宣泄。钉钉的"示弱"，满足了用户的征服欲，唤起了用户的守护情绪——"那就放你一马"。钉钉也由此度过了差评危机。

从几个案例中，我们可以看到，国货的崛起是消费者为民族自豪感买单；喝江小白是为此刻的心情买单；买盲盒是在为自己的好奇心和未知的有趣买单。这些商家成功地利用了消费者的情绪价值，取得了良好的商业业绩。而钉钉的"求饶"，让学生们因为自己"战胜"钉钉的成就感而手下留情——钉钉利用用户的情绪成功化解了一场公关危机。

情绪价值在这个时代为什么重要？

为什么情绪价值变得这么重要了呢？因为这个时代有三个重要特征。

1. 产品极大丰富，竞争激烈，人们的基本需求已经得到满足，人们的各种情绪需要表达。在产品价值的概念中，产品价值 = 功能价值 + 情绪价值，因此为了让产品更有价值，就必须关注用户的情绪价值。实际上，也可以说，这是这个社会发展到功能内卷后的产物。

2. 人类物质文明高度发达，是最近 200 年的事情，而人类的基因进化却发生在几百万年前。基因层面沉淀下来的生理和心理机制，与快速发展的物质世界极度不同步。随着物质社会的快速发展，这个问题会越来越严重，因此人类的心理和情绪问题也会越来越重要。

3. Z 世代逐渐成为社会的主体，他们大多没有经历过物质匮乏的时代，他们是移动互联网的原住民，他们获取信息的能力极强，他们很多是独生子女，他们天生习惯了按照自己的情绪来生活。他们可以因为老板不听话而离职，因为产品好看而买单。

【课后作业】

思考题：你公司所在的行业可以开发怎样的具有情绪价值的产品呢?

---

033 讲 ｜ 情绪管理：P=p﹣i

情绪与生命能量

美国著名的心理学家大卫·霍金斯通过 20 多年的临床测验和潜心研究，最终发现了人类情绪状态可以被分为不同能量层级，并绘制出了著名的霍金斯能量等级表（图 9-1）。他把情绪带来的生命能量分为 17 个级别，最下面是负能量最大的，最上面是正能量最大的。

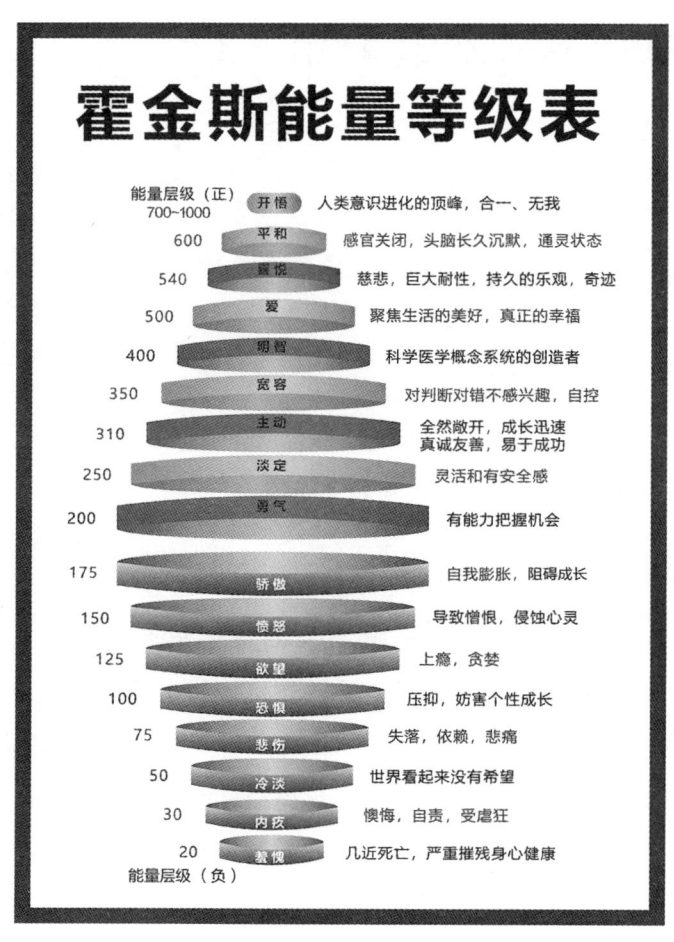

图 9-1　人有哪些情绪

1. 第 17 级是羞愧，能量值最低，只有 20 分，羞愧耻辱严重摧残身心健康。

2. 第 16 级是内疚，能量值 30 分。内疚与羞愧的细微区别在于：内疚是做错了一件事，自责；羞愧是因为错误而在公众面前失去尊严。

3. 第 15 级是冷淡，能量值 50 分，看不到希望的世界是没有颜色的，抑郁症患者就呈现这种状态。

4. 第 14 级是悲伤，能量值 75 分，虽然失落和悲痛，但是心里还有希望。

5. 第 13 级是恐惧，能量值 100 分，恐惧带来的压抑和焦虑会妨害个性成长。

6. 第 12 级是欲望，能量值 125 分，过度的欲望带来上瘾和贪婪。

7. 第 11 级是愤怒，能量值 150 分，愤怒往往导致憎恨。

8. 第 10 级是骄傲，能量值 175 分，骄傲导致自我膨胀，阻碍成长。

以上都属于负能量。越往上能量值越高，最终进入正能量区域。

9. 第 9 级是勇气，能量值 200 分，从这一级开始进入正能量区域。勇气带来把握机会的能力。

10. 第 8 级是淡定，能量值是 250 分，处于这种状态意味着已经有了一定的修为，能灵活应对外部世界的变化，有安全感和掌控感。

11. 第 7 级是主动，能量值 310 分，处在这一级会拥有积极的生活态度，享受成长的快乐。

12. 第 6 级是宽容，能量值 350 分，能够包容不同的人，求同存异，自己是自己命运的主宰。

13. 第 5 级是明智，能量值 400 分，具有哲科思维，能非常理性而有逻辑地看待问题和解决问题。

14. 第 4 级是爱，能量值 500 分，具有大爱，充满善意，"老吾老以及人之老，幼吾幼以及人之幼"，享受真正的幸福。

15. 第 3 级是喜悦，能量值 540 分，当爱大到无限，演变成内心的喜悦，耐心而慈悲地看待这个世界，会给别人带来很大的影响。

16. 第 2 级是平和，能量值 600 分，这个状态我们常人不大能理解，它的描述为：感官关闭，内外分别消失，进入通灵状态。观察者和被观察者成为同一个人。

17. 第 1 级是开悟，能量值 700 ～ 1000 分，这是最高级别，这是佛教中描述的"成佛"的状态，开悟正觉。这时没有了二元世界，进入一元世界。

通过霍金斯能量等级表，我们可以了解到人们的不同情绪，以及不同情绪下的能量状态，虽然有些内容与中国传统文化的理解并不一致，但它作为情绪讨论的相对量化参考指标，仍然具有很高的价值。

情绪管理：P=p － i

情绪管理的公式可以被简化为 P=p － i，其含义就是 performance（绩效）=potential（潜能）－ interference（干扰）。简单来说，就是我们表现出来的绩效，是我们自身的潜能排除干扰后的结果。

在世界杯足球赛场上，球员压力巨大，这时候经验老到的球员会故意激怒对手，对方球员动手打人，直接被红牌罚下。这就是被别人的情绪干扰，进而使得整个球队陷入被动，这时绩效结果就很差。

这里的干扰分为外部干扰和内部干扰。

外部干扰：对代理记账公司而言，税务政策的变化、突如其来的疫情、同行挖员工和挖客户，对老板而言，都是外部干扰。我们可能因为这些事情，一天甚至好多天情绪低落，受到干扰之后，原本可以做好的工作没有做好，导致结果差。

内部干扰：对财税服务公司的老板而言，内部干扰包括以下几点。

1. 没有自信，自我设限。比如：具有潜力，但自己不相信自己，认为自己无法从事销售工作，不起步当然不会成功。这是我前面讲过没有目标的那类战略混乱型老板。

2. 情绪化严重，遇到问题总是抱怨别人。这样的心态会导致老板不从自己身上找原因，很难进步，只会处于低水平的重复阶段。这是我前面讲过的怨天尤人型老板。

3. 性格原因，不相信人，没有安全感，始终没有核心团队。这是前面讲过的单打独斗型老板。

4. 性格原因，刚愎自用，凭感觉经营，不学习，不讲科学方法论，这是前面讲过的野蛮经营型老板。

外部环境的变化，我们没有办法控制，我们只能快速应对外部变化。而内部干扰，才是我们最需要突破的。

以上四类内部干扰在霍金斯能量等级表中也有相应的表现。找到对应的能量等级，有利于认清自我，从而走出负能量区，逐步进入正能量区。

减少负面情绪干扰

对于创业者或者老板而言，减少负面情绪干扰的方法有很多，我总结了六大方法。

1. 相信自己，你已经开启了一份事业，你已经领先于很多人，要相信自己能做得更好。

2. 走出去，走出自己的舒适区，打开自己的眼界，拓宽开自己的思维，找到自己相信的人，跟随他们一起成长。

3. 给自己确立目标，其他都是这句话的注解。有了目标，就去找达成目标的办法，你会发现方法总比问题多。

4. 归因到内部，所有的问题都是自己的问题。正视问题，不逃避，每次艰难的突破，都是一次巨大的成长。这时候你不再会怨天尤人，而会想办法解决问题。

5. 修炼自己的同理心，理解他人。这样就能求同存异，与能和自己互补的人相处，自然就能吸引好的合伙人。

6. 学习科学方法论，用正确的方法解决问题，公司肯定会越来越好。

【课后作业】

应用题：在霍金斯能量等级表上寻找自己的位置。

034 讲 ｜ 员工情绪：管理员工的情绪

中国人通常每 10 年标记一个代际，比如 70 后、80 后、90 后、00 后，国际上通常每 15 年来标记一个代际。刘润老师在"刘润年度演讲·2021：进化的力量"中也专门讲述了这个主题。

X 世代是指 1965—1979 年出生的人，这 15 年出生的中国人，大多经历过物资匮乏的年代，但是他们也享受到了中国改革开放发展的红利，如今，他们是国家的中坚力量，是相对传统的一代。Y 世代是指 1980—1994 年出生的人，这 15 年出生的中国人，他们是千禧一代，赶上了电脑和互联网的普及，他们是自信的一代。Z 世代是指 1995—2009 年出生的人，这 15 年出生的中国人，是移动互联网的原住民，他们物质丰富，是独立的一代。

当下，Z 世代逐步成为主流人群，我们的员工、客户中，越来越多地涌现出 Z 世代人群。因此，了解他们，理解他们，成为我们的必修课。

Z世代的特点

不同世代的人有着不同的特点，他们身上都带有时代的烙印，Z世代也不例外，他们有着自己的特点。

1. 富足，他们没有经历过物质匮乏，他们能赚钱，他们更敢花钱。

2. 感性，他们是真正跟着感觉走的一代人，他们会因为老板不乖而离职。

3. 颜值，颜值即正义，他们会因为好看而买单。

4. 养宠，他们养宠物的心态是：我可以得过且过，但是"主子"必须应有尽有。在中国宠物的消费中，食品只占34%，宠物居住、健身、上学、相亲、摄影、保险这些消费占比超过50%，已经进入奢侈阶段。

5. 意义，因为物质并不贫乏，而且还相对富足，所以他们工作的目的是——因为热爱、因为成就感而去工作。这是每个管理者都必须关注的问题。

管理好员工情绪

无论你是Z世代，还是70后、80后，关注人的情绪已经成为管理者的必修课。30年前，找个好工作是件不容易的事情，而现在招到奋斗者类型的员工非常难。30年前，工厂让工人有稳定的收入，工人就能获得满足感，但是今天，温饱问题早已解决，人们必须为意义而活着，甚至，这个时代已经是意义危机的时代，因为如果没有意义，很多人甚至没有活下去的理由。

所以，如何管理好员工的情绪呢？

第一，首要关注意义。作为老板，首先应当清楚认识到自己公司存在的意义。比如我们财税服务公司存在的意义是什么？解决了客户什么问题？我们企业有什么样的愿景、使命、价值观？我们未来会是什么样？这是一家成熟的公司需要想明白的问题，也是年轻的员工非常关注的。如果公司目标清晰，符合他们的价值观，他们有更大的动力努力工作，完成目标，在工作中成就自己。

意义层面还包括三个方面。

1. 员工个人对于公司的意义。在前面关于领导力的内容中，我举过一个例子：激励员工时，要先告诉他们工作的意义，他们的工作对公司意义重大，做好了他们就是公司的功臣。当交待完意义之后，员工更容易把工作当成使命去完成，否则就只是在执行命令，效果不理想。

2. 工作改革的意义。任何改革，都需要先说清楚意义，也就是为什么。小平同志在带领全国人民改革开放的时候说"贫穷不是社会主义，要让大家富起来"，直截了当地阐述了改革开放的意义，得到全国人民的拥护。同样，在公司推行一项改革，要先讲清意义，比如我们在动员会计转介绍的时候，在动员会上要强调其意义，只有大家认同了意义，才会心甘情愿地执行。

3. 管理和沟通的意义。意义需要贯穿到所有的管理和沟通，我在跟下属沟通时，已习惯性地先讲清楚意义。比如，我会告诉销售部的伙伴，他们的转化率决定了公司的 ROI，也就是公司的效率，而这是公司的核心竞争力，所以销售部的工作对公司来说至关重要。如果转化率高，要重奖。又如，在跟财务部讲做好审批流程时，我会告诉他们这是公司规范化管理的关键，如果资金都不能管理好，那将是灾难。再如，对技术部，我会强调数字化是公司的核心竞争力，不仅让员工效率高，还可以提升客户满意度，未来的竞争是数字化的竞争，技术部的工作是我们公司的未来。这样，员工们就能富有激情地去为了价值而完成使命。

第二，落实心理契约。在"心理契约"章节，我介绍过需在工作中与下属达成一致，而且是在互相认同基础上的一致。而在生活上，关注下属的情绪，要清楚情绪的原因，只有解决了情绪问题，工作才能顺利。比如要跟员工沟通会计部工作进度，但是员工近期在为孩子上学的事情焦头烂额，作为领导，如果不了解员工的这个问题，就难以达成有效沟通。在了解到这个情况后，我们可以采取相应的措施，比如让员工休两天年假，或是利用公司的资源帮助解决员工孩子的上学问题。我一直认为公司应该帮助员工解决生活上的难题，只有员工情绪好，工作才能更主动和高效。

在前面"心理契约"的章节中，我强调了心理契约表格的落地执行，是为了让管理者关注员工的情绪，发挥出员工的情绪价值，使员工避免受负面的情绪影响。

第三，创建良好的企业文化，没有满意的员工，就没有满意的客户。对于运营型公司而言，要把员工放在很高的位置，不仅关注员工的工作和收入，还要关注员工的成长，关注员工的情绪。而且，每个管理者都要去关注员工情绪。

第四，制定良好的游戏化机制。在人力资源的激励机制中，我们认为即时激励很重要。因为即时激励能形成一种游戏化的工作氛围，这也是建立好的情绪环境。PK，发红包，这些都是有意思的机制。另外，好的流程设计也会形成游戏化的环境。

【课后作业】

思考题：遇到员工有情绪的时候，你是如何处理的?

035 讲 ｜ 客户情绪：满足客户的情绪价值

我们了解了情绪价值的重要性，以及发挥员工情绪价值的方法后，如何挖掘客户的情绪价值，更是我们创造更高商业价值所需要关注的重点。

在前面几讲的内容中，我介绍过江小白通过挖掘客户的情绪价值而达到了非常好的商业效果的案例。对于服务行业，比如财税服务公司，应该如何关注客户的情绪价值？

关注客户的情绪价值才有更好的产品

我在本章第一讲的内容中介绍过，产品价值 = 功能价值 + 情绪价值，通过这个公式，我们能更加明确地从几个方面来提升产品价值。

第一，对于财税服务公司而言，我们必须认识到，把客户的公司注册好、账做好，只是实现了功能价值，如果能让客户感到在我们公司办理注册更方便，我们专业度更高，能让客户心情愉悦，这就是情绪价值，它甚至比功能价值更重要。

第二，我们在介绍顾客让渡价值时讲过，客户的成本除了金钱，还有时间、精力等，这是从客户成本的角度来解释情绪价值的重要性。换句话说，我们可以从客户成本的角度来优化客户的情绪价值，从而对其加以利用。

第三，财税服务公司的核心竞争力至少有三点：质量保证、服务满意和高性价比。质量保证是功能价值，服务满意和高性价比都是情绪价值。也就是说，对于服务业而言，情绪价值已经成为公司的核心竞争力。就像海底捞，服务好也是在满足客户的情绪价值，是其核心竞争力，服务甚至比火锅这个产品本身还重要了。

总结而言，满足客户的情绪价值，就是做产品，是公司的核心竞争力。

关注客户的情绪价值，让客户很难离开

在前面第 017 讲中，我介绍过公司的护城河。其中，第四类护城河即迁移成本中，我讲述了如何才能让客户很难离开我们。我强调了让客户习惯我们，如果客户和我们成为朋友，我们的一套服务体系让客户感觉很顺畅满意，客户就会形成习惯，进而难以离开我们。这是利用情绪价值增强客户黏度。

碰到投诉，先处理情绪，再处理问题

当然，在我们的日常工作中，尤其对于服务行业来说，再好的服务也难免遭遇客户投诉。遇到投诉，如何处理呢？

首先，必须遵循的原则是：先处理情绪，再处理问题。当客户处于情绪中，讲道理没有用，甚至没有办法讲道理。所以应该先想办法安抚客户的情绪，无论是什么原因导致客户投诉，我们都

应当首先表示歉意，随后弄清原因。如果是我们的问题，就该勇于承担责任，这时候客户最需要的不是解释，而是结果。

其次，在《服务即营销的终极秘密：代理记账公司的管理与营销》一书中拆解客户鱼骨图的最后一讲中，我专门讲过投诉处理，并列举了被投诉后不同处理方式的结果。如果投诉得到迅速解决，继续合作的可能性超过80%。

再次，对公司内部管理而言，客户的有效投诉实际上是我们提升自身管理水平的重要机会，我们应该用这样的思维方式对待投诉。

关注哪些情绪价值，是我们的机会

美国心理学家亨利·默里提出过一个人的心理需要清单，包含了对抗需要、恭敬需要、躲避羞辱需要、养育需要、游戏需要、抵制需要、求援需要、了解需要等。我们从财税服务行业的角度，针对这个心理需要清单，对我们的客户进行心理需要的分析，这些心理需要也是我们挖掘客户情绪价值的机会。

1. 成就需要。财税服务行业面对的客户大多是创业者，他们最大的需要就是成就感。所以，如果我们将客户的成就展示出来，不仅能满足他们的成就感，还对他们的企业推广起到了一定的帮助作用。我们的视频号里有一档栏目，是对那些我们高度认同、在我们赋能下得到快速发展的标杆加盟商的采访，这既能让加盟商有成就感，又能帮助它们做推广，还能让其他加盟商看到改变的力量。出于同样的目的，我们也有一档栏目是对公司标杆客户的采访，受到客户的好评。

2. 尊重需要。亚伯拉罕·马斯洛需求层次的第四层就是被尊重的需求，这是所有人的需求，而对于那些跨出创业这一步的人来讲，更有这样的情绪诉求。所以，我们在定义客户成功的时候，在质量保证的基础上，满足客户的尊重需要，让客户满意，这也是我们与客户沟通时的基本素养。

3. 社交需要。这是亚伯拉罕·马斯洛需求层次的第三层，这显然与情绪有关。在财税服务公司，由于我们掌握客户的财务情况，因而较容易得到客户的信任，公司的许多沟通会计和客户成了朋友，在沟通工作之余也会聊聊生活上的内容。我们公司每月还会组织企业家活动，为客户之间的相互交流搭建平台，客户之间可以互为客户。这就是满足客户的社交需求。

4. 支配需要。我们的客户大多为创业者和老板，他们习惯了支配员工，作为为他们服务的财税公司，如果我们的员工能理解这个情绪，就能合理处理，满足他们的支配需求，让客户满意。如果在协议范围内超预期地完成任务，就会给客户惊喜。理解情绪当然不是无原则地被支配。

5. 感觉需要。就是寻求感官方面的快乐。爱美之心，人皆有之。所以，我们招聘了美丽的前台，让客户感觉赏心悦目，这是满足客户的感觉需要。感觉当然是情绪，我们必须承认，审美已经成为商业的必选项，Z 世代会因为好看而买单。

6. 特权需要。这里所说的特权指的是享受到非同一般的服务。比如：东方航空的金卡用户可以进贵宾室候机，这种特权让用户感受到与众不同。再比如：对我们公司的重要客户，主管级别的经理或是我会亲自接待；对 VIP 客户会安排注册会计师服务。这些都是特权。其实每个人都希望被特别照顾。所以，将客户分类，满足 VIP 客户的特权需求，提供更高级别的服务，同时也可以收取更高的费用。

最后需要强调的是，我们已经进入必须关注情绪价值的时代，我们的表现经常会被情绪干扰，所以，修炼自己的情绪，管理好员工的情绪，关注客户的情绪，是我们每一位管理者的必修课。

【课后作业】

思考题：你是如何对待客户情绪的呢？

CHAPTER
10

第 十 章

做小团队

有恒产者有恒心。

——孟子

036 讲 | 核心团队：合伙人 A、B、C

公司的核心团队，是指股东层面的合伙人。股东层面的合伙人需要"和而不同"，互补且要相互理解和包容。

在十多年前成立财税服务公司的时候，公司只有 3 个人，我能迅速发现商机，想办法获取客户，公司得到快速发展；但到客户数量发展到 1000 家左右的时候，公司开始停滞不前，客户投诉增多，获客受影响，员工也不稳定，后续的服务让我疲于应付，身心交瘁；随着新的合伙人加入，公司内部进行了重新分工和改革，我关注市场营销，他关注执行和内部管理，公司进入了良性的快速发展期。

经历了这个过程，我总结出了"核心团队合伙人 ABC 理论"，得到了大家的普遍认同。

合伙人 A、B、C 三个角色

一个成功的创业团队必须有 A、B、C 三个角色。

A 角色能够敏锐发现商机，并让想法得到初步验证。有一点需要注意，光想不做的角色不是 A 角色，A 角色必须具备让公司从 0 到 1 发展的能力。以携程创始人季琦为例，季琦成立携程后，创办了如家和汉庭，在此之前，中国的经济型酒店只有锦江之星和新亚之星。季琦从数据中发现了市场中对经济型酒店的巨大需求，也敏锐捕捉到了商机，迅速创立了如家，后来又创立了汉庭。他连续创立的三家公司都成功在美国上市，这在中国几乎是绝无仅有的。季琦就是典型的 A 角色。

B 角色能将 A 角色发现的商机从 1 扩大到 10，认真地执行战略，确保落实到位。携程的孙洁就是领导团队里的 B 角色。一个公司缺了 B 角色，是不可能成功的。即使像马云那样的天才创业者，有着天马行空的想法，也需要"十八罗汉"帮助他执行，否则所有想法都只是空想，所以 B 角色也很重要。

C 角色是一个能在公司实现系统化管理的角色，也就是指 A 角色的想法在由 B 角色执行后，C 角色再通过科学的管理逻辑提炼出一套系统，这套系统能够把在做的事情标准化地复制下去，实现从十到百、从百到千的放大效果，进而把公司做大。携程里面的梁建章就是典型的 C 角色。他一生中目前只做了这么一家企业，可是他为这家企业付出了大量精力，通过建立一套管理系统和机制，让整个携程逐渐发展壮大。华为任正非也是顶级 C 角色，他能洞悉人性，建立一套能让整个团队都高效运转的规则。

A、B、C 三个角色的关系

如图 10-1 所示，A 角色和 B 角色是矛盾的。因为 A 需要天马行空，甚至是胡思乱想，所以 A 角色一般不太关注细节，也不愿意做一些重复性的工作。而 B 角色要持续认真地执行 A 角色的战略，在日常的琐事中把战略执行好，所以这注定了 A 和 B 的矛盾性和互补性。一家创业公司的合伙人至少要有两个人——A 角色和 B 角色。一个人身兼 A 和 B 角色是否可行？短期内或许可以，但在长期看起来是不可能一个人身兼 A 和 B 并把公司做得非常大的。A 和 B 是矛盾的，但是 C 既可以和 A 兼容，也可以和 B 兼容。这是三者之间的关系（图 10-2）。比如马云不仅是优秀的 A，也是优秀的 C。

所以，总结起来，A、B、C 三者的关系是：A 和 B 是矛盾的，但 A 可以是 C，B 也可以是 C。

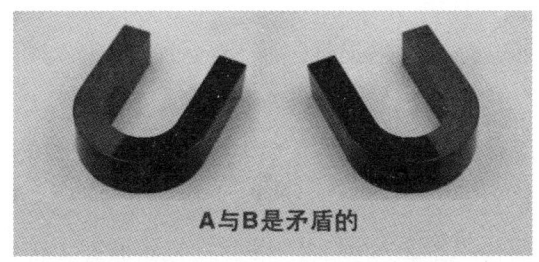

A与B是矛盾的

图 10-1　A、B、C 三个角色的关系

A和C，B和C可以兼容

图 10-2　A、B、C 三个角色的关系

找到自己的 A、B、C 角色

按照 A、B、C 角色的划分，我们可以试着找寻自己的角色定位（表 10-1）。如果你是 A 角色，你最有可能成为创始人，因为大部分的创始人都具有良好的 A 特质。但是需要提醒的是，A 角色要警惕停留在想的阶段，必须把想法实践出来，并且找 B 角色作为合伙人，这样才能既有想法又能很好地执行。当然如果能够加上 C 角色，就能搭建完美的核心团队，顺利执行战略之后，还有能力把公司做大。

如果你是 B 角色，那么你是公司的螺丝钉，缺你不行，因为任何公司如果没有执行就什么也不是。作为 B 角色，学习 C 角色的系统化管理，是很好的提升之路，它可以让你发挥更大的价值，否则只是纠结那些日常事务也会很无奈，不管对个人还是公司来说，都难以得到提升。

如果你是 C 角色，你最有可能在成熟的公司里成为系统的设计者。但 C 角色很难独立创业。因为创业初期存在大量不确定性，过分管理很多时候反而不利于公司成长，而 C 角色很容易陷入管理中，这也是许多大学的管理学教授出去创业失败的可能性较大的原因。作为 C 角色，需要好好地设计游戏规则，与团队一起配合，深入了解公司的业务，把公司发展壮大。

表 10-1　你是属于 A 还是 B 还是 C 角色呢？

角色	如何发挥优势	警示	如何弥补不足
A	你最有可能是创始人	千万别停留在"想" "做"出来个模型 只想不做的不是 A	找个 B 做合伙人 再加上 C 就完美了

续表

角色	如何发挥优势	警示	如何弥补不足
B	你是公司的螺丝钉，缺你不行	不培养团队，做死也没用	学习 C 吧，这是你唯一的提升之路
C	你最有可能成为成熟公司的系统设计者	千万别自己独立创业创业初期要"经营"过度的"管理"不利于公司成长	没有什么要弥补的好好设计游戏规则吧让大家玩得开心

　　无论是哪种角色，对于核心团队的任何一名成员来说，最重要的一点仍然是认清自己。世界上最难的事情就是认清自己，认清自己意义重大：认清自己的优势，就能明确把自己的优势发挥到极致；认清自己的弱势或者缺点，就有可能找到方式弥补，比如通过学习来弥补，或者寻找合伙人来弥补。

【课后作业】

思考题：你的合伙人团队有 A、B、C 三个角色吗？

037 讲 ｜ 精准激励：小池塘里的大鱼

股权激励的误区

这是一个真实的创业案例。一位创业者在市场上学习了股权课程之后，便回到公司进行股权改革。他给予 3 位分别负责销售、技术和财务的核心骨干 10%、5%、3% 的股权，但是一年后，手握 5% 股权的小股东离职了，接下来的问题是：对没有约定退出机制的 5% 的股权该如何处置？此前大股东做主对合作伙伴的借款可能成为坏账，如何确保小股东利益？在没有公开透明财务的前提下，每年大股东所定下的分红如何继续？

最终，这位持股 5% 的小股东几乎与大股东在法庭相见，让大股东心灰意冷。之所以导致最终不欢而散的局面，我们分析有三大原因（图 10-3）。

一是公司在财务不清晰的情况下就进行的股权激励是毫无支撑基础的，如果公司连账都无法厘清，又如何确定股权价值并进行分红呢？

二是拥有 5% 股权以下的小股东，本质上只是持股员工，老板不能指望他们以股东的心态来工作。

三是小公司大多处于赚钱但还不值钱的阶段，股权难以估值，所以股权价值难以体现。

1.财务不清晰、不透明　　2.小股东本质上只是持股员工　　3.生意模式，股权不值钱

图 10-3　小公司股权激励的误区

小池塘里的大鱼

对于还处于赚钱但不值钱阶段的公司而言，如何激励核心骨干？我的观点是：不要让他们做大池塘里的小鱼，要让他们做小池塘里的大鱼（图 10-4）。我认为，对赚钱还不值钱的公司而言，经营是第一位的，这样的公司激励核心骨干的唯一方式是阿米巴模式。

图 10-4　小池塘里的大鱼

阿米巴模式的发展

阿米巴模式，起源于日本的经营之神稻盛和夫。稻盛和夫创立了世界 500 强企业之一的日本京瓷株式会社。除此之外，在稻盛和夫的经营生涯里，还有一个辉煌战绩，那就是帮助濒临破产的日本航空公司实现扭亏为盈。2010 年 1 月，深陷亏损泥潭的日本航空公司申请破产保护。2 月，稻盛和夫接手日本航空公司担任董事长，到 2012 年 9 月，仅仅两年半多一点的时间，日本航空公司实现扭亏为盈，重新在东京证券交易所上市。日本航空公司重生的重要动力，就是推行了稻盛和夫的阿米巴模式。

随着时代的发展，阿米巴模式在不同行业经历了进化和迭代的过程，现在我们所谈论的阿米巴模式与稻盛和夫的阿米巴模式并非完全一致，但二者的核心都是采用"独立核算的小单元"。所以，我这里讲的阿米巴模式主要是指通过独立核算的业务单元（BU），对核心骨干进行精准激励。

实际上，国内许多知名公司都采用了这种模式（图 10-5），从本质上来说，阿米巴模式是一种针对核心骨干的高级的绩效考核方法。

图 10-5　什么是阿米巴模式

　　比如，海底捞对店长的激励，是按照单店利润的 2.8% 进行分红，为了鼓励店长带徒弟，海底捞还设置了一个特别有创造性的激励措施，那就是师傅可以从徒弟店的利润中获得 3.1% 的分红，这大大激励了店长带徒弟的积极性，从机制上保证人才培养。

　　时尚品牌韩都衣舍的三人小组是这样分工的：设计师担任组长，负责选款，两名组员分别负责运营推广和采购及供应链。这样的小团体运作模式灵活，在公司内部形成了赛马机制。

　　致力于打造生态链的小米，产品品类丰富，每个品类都有上下游和供应链，每个品类甚至每个产品都需要独立核算。

　　张瑞敏很早就在海尔内部采用创客模式，甚至想做到人单合一，这就是独立核算到最小单元。

　　这些知名企业在有意无意中，都在执行阿米巴模式的精髓——"独立核算的小单元"模式。

　　当然，纵观世界传统 500 强企业，采用阿米巴模式经营的并不多见，但如今的国内企业包括互联网企业都开始采用阿米巴模式。造成差别的原因在于：一是信息化的普及是阿米巴模式实施的前提，阿米巴模式最复杂的是内部核算，今天的企业信息化体系已经相当完善，使得数据采集和核算变得简单，这是现在很多企业能够采用独立核算的小单元的重要原因；二是中国的人口红利在快速消失，年轻人越来越需要被激发出工作的意义和成就感，老板越来越难用命令的方式去达成目标，阿米巴模式精准激励核心骨干，这种方法让年轻人为自己而工作，也就是让他们成为自己的 CEO。

阿米巴模式的优势

　　为什么说阿米巴模式是赚钱但不值钱的小公司激励核心骨干

的好办法呢？阿米巴模式到底有哪些好处？

第一，精准激励。我以本讲开头创业者的经历为例，总公司给予小股东的5%股权，实际上与他本人的工作并不直接相关，因此，并没有实际激励的效果，但如果换一种方式，让小股东负责的业务独立核算，也就是让他当"二老板"，这样的角色转变会激励他把负责的业务做好。这就是让优秀的骨干做小池塘里的大鱼，把他的潜能发挥到最大。这就是精准激励。

第二，股权简单。采用阿米巴模式不用稀释总公司的股权，即使是财务不公开的公司，也可以使部分业务实施阿米巴模式，这样总公司股权简单，又能起到激励的效果。

第三，动态灵活。小公司在快速发展阶段，时时处于变化中，甚至战略都在不断变换，而灵活的阿米巴模式能够很好地适应这种变化。

适合阿米巴模式的公司画像

在越来越多的公司采用阿米巴模式的背景下，适合用阿米巴模式的公司究竟长什么样？有两个画像，一是对员工依赖度高，二是难以准确评价过程指标。所以，在一个公司中，不是所有部门都需要阿米巴化，只有符合这两个条件的部门才适合实行阿米巴模式。

我对不同行业的员工依赖度进行了大致的统计（图10-6）。

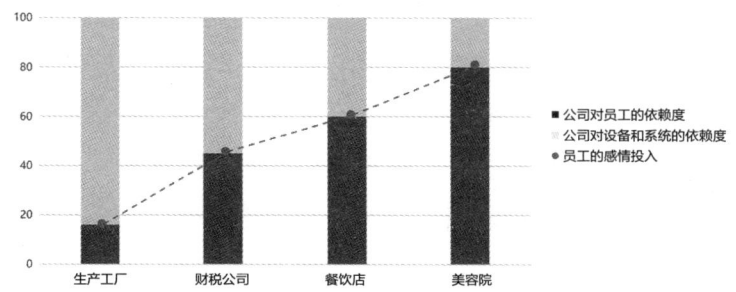

图 10-6　什么样的公司适合采取阿米巴模式

　　美容院服务的对象是人的身体，因此对员工的依赖度最高，达到 70% ~ 90%；餐饮店服务的对象是人的体验，因此对员工的依赖度也很高，达到 50% ~ 80%；财税公司服务的对象是信息，但是因为其客户都极具个性化，所以对员工的依赖度比较高，达到 30% ~ 70%；生产工厂处理的对象是物体，对员工的依赖度最低，比如富士康已经大规模采用机器人生产。

　　从这些数据可以看出，美容院和餐饮店对员工的依赖度最高，同时，因为服务行业较难用管理的方式对服务进行标准化，因此美容院和餐饮店最适合阿米巴模式。

　　基于上述两个条件，我们可以进行几个有趣的反思。

　　1. 越依赖员工的公司，越不值钱。在资本市场上几乎看不到美容院的身影，餐饮企业要登陆资本市场的难度也很大，即使上市，其估值也相对较低。

　　2. 在这两个行业中，成为标杆的企业已经对难以标准化的流程进行了标准化改造，从而降低了对人的依赖。比如麦当劳，只做标准化餐饮；比如海底捞，将服务流程尽可能做到标准化、流程化，甚至将阿米巴模式核心人员的激励机制也标准化、系统化。而同样做餐饮的茶马古道，则由于过于依赖大厨，最后从市场中消失。

3. 我们要明白一个思维模式，那就是降低对人的依赖，就是降低管理难度，就是为了可复制。因为只有简单的才便于复制，只有可复制的才能规模化，只有规模化才有商业价值，而这也会让公司的管理会变得轻松。这是每一个还处于赚钱阶段的老板跨越认知鸿沟的重要一课。

股权激励的本质

股权激励到底激励的是什么？归根结底，股权激励是要激发出优秀员工的潜能，进而带给他们安全感，从而实现公司留住人才和实现增长的目标（图 10-7）。

公 司	员 工	原 因
留 人	安全感	有恒产者有恒心。 ——孟子 
增 长	激发潜能	管理的本质是激发人的善意和潜能。 ——彼得·德鲁克 

图 10-7 股权激励的本质

首先，对优秀员工而言，股权激发了他的安全感和潜能。

孟子说，"有恒产者有恒心"。绝大多数员工的工作是在出卖时间，获得工资收入。而优秀的员工特别希望有一种安全感，也就是希望在获得工资收入外，获得资产收入，即股权。当优秀的员工作为阿米巴单元的负责人、成为"二老板"、拥有股权时，他们可以享受分红，这大大增强了他们的安全感。对他们而言，为这样的安全感而奋斗，或者说有了一定的安全感后更能努力实现自我价值，这是非常棒的"双赢"的合作机制。彼得·德鲁克说，管理的本质是激发人的善意和潜能。通过阿米巴模式，每位优秀的骨干都把潜能发挥到极致，在这个过程中，他们也不断挑战自我，跨出舒适区，达到学习成长区，这是一个美好的过程。

需要强调的是，我们所说的激励对象是"优秀"的员工，只有优秀的员工才适合股权激励。原因很简单。第一，任何激励措施（包括股权激励）只能激励积极性，不能激发能力。如果能力不够，就算给 100% 的股权也无济于事。第二，如果员工个人的意愿有问题，则要找到产生问题的原因。有的人就算上帝也点燃不了他，在这种情况下最好让他尽早离开公司；如果因为公司机制导致员工意愿度不高，则需要进行充分沟通，消除误会，进而点燃他的工作热情，如果你点燃了一位优秀的员工，他会一生都感激你。第三，我们必须承认这样一个事实：这个世界总是基本符合"二八定律"的，即只有 20% 的人能对自己负责，对那些对自己都不负责的人，老板也没有太多办法。

从公司的角度出发，公司需要培养机制，但首先应该做的是选拔人才，而非培养人才。其次，对公司而言，股权激励的根本目标是留住人才和实现增长。那些优秀的骨干有了安全感，成了公司的股东，会更有意愿长期留在公司，这就达到了"留住人才"的目标。把优秀骨干的潜能发挥到极致，公司自然能实现快速增长。

【课后作业】

思考题：你的公司适合实行阿米巴模式吗？

---

038 讲 | 单元划分：
阿米巴单元的划分与结算

　　在上一讲的内容中，我介绍了阿米巴模式的基本概念。当我们决定要实行阿米巴模式时，就需要面对如何划分与结算的实际操作问题。

阿米巴单元划分的原则

　　阿米巴单元的划分应该遵循以下三大原则（DMO）。

　　第一，依赖度（dependence degree）原则。将对人的依赖度特别高、难以评价过程的部门阿米巴化，而对人依赖度不高、比较容易量化的部门没有必要阿米巴化。

　　第二，成熟度（maturity）原则。小公司，如果没有得到验证，不要轻易实施阿米巴模式。需要提醒的是，其中有一个悖论，即核心骨干毕竟还不具备独立发明新的商业模式的能力和魄力，所以不要指望通过实施阿米巴模式能实现底层的创新，尤其在小公司内部（大公司的情况不同，因为在大公司里的内部创业者其实是在大公司整体的生态中发展）。因此，对小公司而言，老板必须带领团队实现从 0 到 1 甚至到 10 的验证，在进行了充分的基础验证之后，如果公司或部门对人的依赖度高，而且难以量化，则可以实施阿米巴模式。

举个例子，我们有一家会计师事务所的客户，模式是合伙人制，业务是为大企业做审计。所长在公司营收达到 1000 万元之后，采用阿米巴模式进行扩张。我们还有一家客户从事不良资产处置业务，公司经理通过几单业务验证了自己的成功经验后，依据募资业务高度依赖个人和资源、难以量化的特点，在募资团队中实施阿米巴模式。

第三，优秀者（outstanding）原则。阿米巴模式只能激发积极性，不能激发能力，所以阿米巴单元负责人的优秀必须得到初步验证。优秀包括两大基础能力，一是个人业务优秀，二是具备基本的管理能力。如果不是优秀者，阿米巴模式的效果大概率会不尽如人意。

阿米巴单元的划分

根据上面的原则，创业护航内部进行了阿米巴单元的划分（图 10-8 ）。

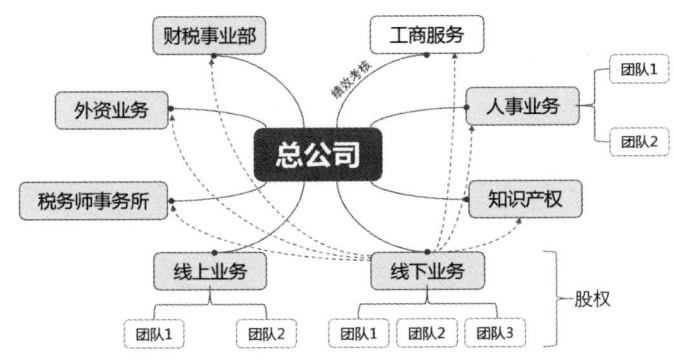

图 10-8　阿米巴单元的划分

第一，实施阿米巴模式的是线下业务部门，因为线下获客难度大，对人的依赖度高，而且日常工作很难被评价，我们只能看最后的结果。此外，财税服务还有一个很大的特点是"线性累加"，也就是说，一次获客之后，客户会长期留存，是类会员制的赢利模式。这种赢利模式导致薪酬绩效计算比较困难：因为如果一次性给予高提成，员工不会关注客户的长期性；如果客户长期续费，持续给业务人员提成，会导致初始提成低和养成不思进取的心态。实施阿米巴模式后，核心骨干做"二老板"，作为股东，他们可以享受长期收益，收益来自分红，利益一致，也不用设置复杂的绩效考核机制。财税服务行业的会员制属性，加上线下业务的特点，使得这个阿米巴单元得以成功运行。

第二，人事业务、外资业务、知识产权、税务师事务所业务，都成立了独立的控股子公司。这些业务的负责人成为这些小公司的总经理，实施 5 年来，他们的年收入都超过了 50 万元，高的超过了 100 万元，公司和这些阿米巴单元负责人都很满意。

第三，线上业务没有实施阿米巴模式，因为线上业务的业务线索来自公司的广告投入，相对于线下业务来说容易很多；工商服务部也没有实施阿米巴模式，因为它们是执行部门，过程指标和结果指标都很清晰，用人力资源绩效考核即可。

第四，占据公司大约 1/3 人员的财税事业部，从实施阿米巴1.0（目标激励）到实施阿米巴 3.0（利润核算），即独立核算利润，不实行股权模式。在前面章节的蝴蝶结模型中，我们介绍过财税服务的客户满意度直接决定了续费、增购、推荐，所以用阿米巴模式可以将"客户满意度"这个难以量化但又无比重要而且高度依赖人的指标转化成长期激励机制。

第五，内部财务、行政、人力资源这些职能部门不需要阿米巴化。

阿米巴单元结算

阿米巴单元是独立的核算单元，这实际上是内部市场化。

基于创业护航内部阿米巴单元的划分，我们将营收结算分为两种情况：长期业务和一次性业务（图 10-9）。

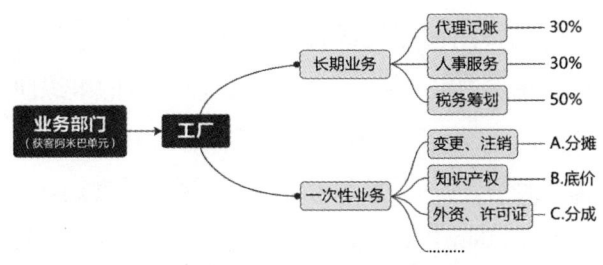

图 10-9　阿米巴单元结算

长期业务，也就是线性累进的业务，销售端和交付端按照比例划分，长期结算。比如一个代理记账客户收费3600元/年，那么，30%（也就是1080元）被划分到销售阿米巴单元，70%（也就是2520元）被划分到财税服务阿米巴单元。对财税服务阿米巴单元来说，相当于销售外包，它的营收是2520元，减去人员、房租等成本，就是运营利润；财税服务部门还有一部分营收是服务过程中的增购和推荐新客户，这部分营收也很高，值得说明的是，这部分营收没有获客成本，所以利润更高。在这种结算机制下，销售部门长期利益得到保证，而财税服务阿米巴单元做好服务的意愿度也很高，在客户满意的基础上产生增购和推荐新客户。这样一种方式让员工、公司、客户都满意，当然是成功的管理模式。

一次性业务的结算非常简单，主要是三种结算方式：一是分摊模式，就是将后端交付与运营成本摊到业务部门；二是底价模式，也就是服务端给出底价，销售端超出的部分都属于销售阿米巴单元的营收；三是分成模式，与长期业务相同。

需要注意的是，不能忽略的一项重要费用是成本费用。因为依赖人，所以大部分成本是人的成本，这些成本（包括社保、公积金）都正常计入阿米巴单元。此外，对办公用品、房租、行政和职能部门的费用，我们采用80%的分摊模式，也就是说，这些成本实际产生的费用按照人或者营收进行分摊，但是打八折。之所以这么做，在于遵循"善意"原则，创业护航的组织原则是大股东让着小股东，小股东让着员工，员工让着客户。

通过这个案例，我们可以得出关于结算的关键点。

1. 内部结算实际上是内部市场化，这个计算机制最接近市场，也就是说，如果你真的是服务方，对作为你的渠道的销售方，你愿意分多少，这样大家没有争议。

2. 必须高度数字化、信息化，数字化、信息化是实施阿米巴模式的重要前提。通过管理系统，记录客户的归属、各种结算模式下的营收划分、收款周期，以及员工提成等。

3. 需要根据行业和公司的特点来设计结算模式。比如，采取线性累加的赢利模式需要非常重视长期业务。又比如，结算是按照权责发生制还是收付实现制，也需要根据公司情况来定。小企业大多采用收付实现制，也就是收到钱再结算。

4. 结算过程中的重要一点是结算必须及时透明，否则容易产生误会。

5. 成本费用结算必须遵循"善意"原则，让小股东"占便宜"，形成良好的文化。

【课后作业】

思考题：你的公司内部各部门之间做过这样的结算吗？

039 讲 | 实施步骤：
阿米巴模式成功实施的关键

在了解了阿米巴单元的划分和结算之后，就正式进入实施阶段。

阿米巴模式实施的步骤

我把阿米巴模式的实施分为五个阶梯（图 10-10）。

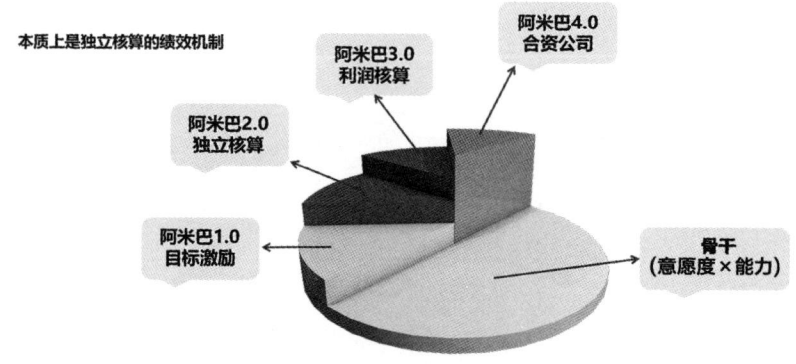

图 10-10　阿米巴模式实施步骤

第一阶梯，考察优秀骨干，只有优秀的骨干才有资格做阿米巴单元负责人。优秀指的是能力很强和意愿度很高，且他们的个人能力和管理小团队的能力都已经通过结果得到了初步的验证。

在这张矩阵图（图 10-11）上，我们可以将员工大致分为四类：一是能力弱、意愿度低的员工，他们应该被淘汰；二是能力强、意愿度低的基层员工，他们按照流程工作；三是能力强、意愿度高的骨干，这部分人是阿米巴单元负责人的潜在对象；四是能力弱、意愿度高的员工，他们又分为两种情况——一种是因公司原因而状态不好的，需要与他们充分沟通，让他们消除误会、点燃状态；另一种是因个人原因处于消极状态的，除非有特别的把握，否则也应让其尽快离开。

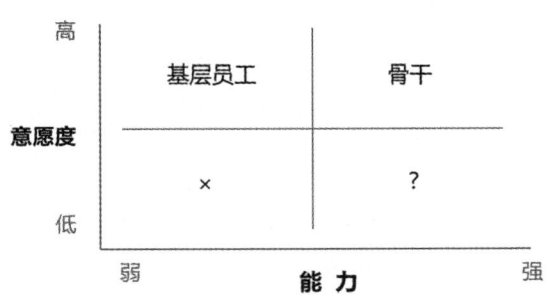

图 10-11　股权激励到底要激励什么

第二阶梯，阿米巴 1.0，是目标激励阶段。对团队的核心 KPI（关键绩效指标）进行考核，达成目标给予奖励。这实际上是对阿米巴单元负责人的考察，一般为期 6 个月。

第三阶梯，阿米巴 2.0，独立核算阶段。如果能达成阿米巴 1.0 的目标，则进入阿米巴 2.0 阶段，要注意的是，这时的独立核算中的成本费用只计算能改变的部分，如人员的数量和薪资，以及市场费用，不能改变的成本费用如房租、职能部门开支等不计入在内。这样做的目的是让阿米巴单元负责人专注于他们能改变的部分，这也是实行阿米巴模式的目的。

第四阶梯，阿米巴 3.0，净利润独立核算阶段（利润核算）。如果阿米巴 2.0 很顺利，就可以再进一步，实施净利润的独立核算，这时要求阿米巴单元按照独立公司一样计算所有的营收、成本、费用。

第五阶梯，阿米巴 4.0，合资公司阶段。如果阿米巴 3.0 很顺利，就进入最后一步——成立合资公司。阿米巴 4.0 与 3.0 的区别是阿米巴单元负责人是否成为法律上的股东，享受股东权益。

阿米巴模式实施案例

对于企业服务行业而言，业务往往重产品重交付，如何才能激发产品后端人员的工作积极性？针对这一难题，我们采用了阿米巴模式来实现精准激励。

2015 年，创业护航内部的人力资源部开始承接客户业务，一年尝试下来，业务有了点起色，但是规模很小。2016 年，我与当时一位年轻的员工沟通后，让其负责人事业务。如图 10-12 所示，我们当时给她设定的目标是，如果 2017 年一年能完成 80 万元的营收、40 万元的利润，公司允许其独立核算，且超出 40 万元利润的部分直接奖励 50%。2018 年 1 月的结果显示，所有预期目标都已经达成，而她本人当年的收入也超过了 30 万元。2018 年，我们继续设定更高目标，200 万元营收、80 万元利润，达标后公司给予其 10% 的股份，2019 年，她出色地完成了所有目标，如今，她也成为我们集团下属人力资源有限公司的总经理。

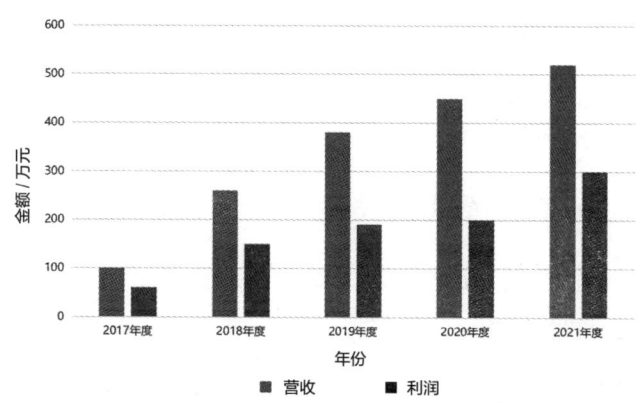

图 10-12　阿米巴模式实施案例——创业护航人事业务

在这个案例中，我们为了做好人事业务，经历了四步走。

第一步，先让公司内部人力资源部尝试，这是验证优秀者，其胜任后进入下一步。

第二步，测试成功、确认有市场需求后，我们安排专人负责，并成立人事业务部。这个部门的成立，促使部门负责人必须全力做好业务，没有退路。我们制定了初步的目标，完成后给予一定的奖励，这是阿米巴 1.0。

第三步，达成阿米巴 1.0 后，则阿米巴单元独立核算，按照净利润获得奖金，部门负责人开始为净利润负责，这是阿米巴 3.0。需要说明的是，由于该名员工业绩优异，且核算简单，所以，我们跳过阿米巴 2.0，直接实施了 3.0。

第四步，真正成为股东。阿米巴单元负责人的收益来自三部分：基本工资、季度奖金（根据目标净利润进行分配）、股东分红。

这是阿米巴 4.0。

在这个案例中，一位年轻的 90 后，在公司没有增加获客成本的情况下，通过内部客户的增值业务，实现了年营收 500 万元、净利润 300 万元的业绩。实现了公司增长、个人收入增加、客户满意的"三赢"局面，获得了巨大的成功。

成功实施阿米巴模式的关键

通过成功案例，我们可以总结出阿米巴模式成功实施的四个关键条件（图 10–13）。

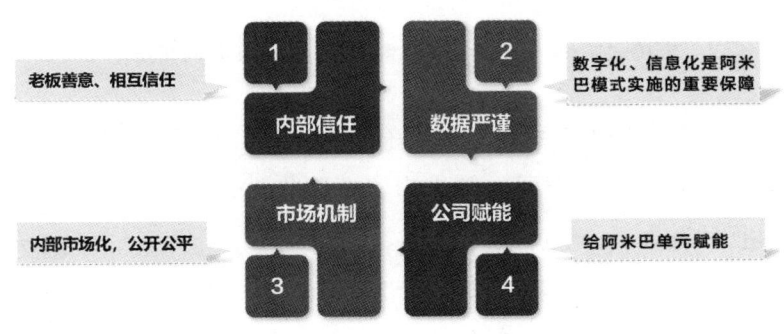

图 10–13　阿米巴实施的关键条件

第一，内部信任。老板首先要怀有善意，与优秀骨干建立信任关系。小公司在快速发展过程中，机制不完善，必然会遭遇各种问题，而遇到问题，该用什么样的态度和方式来解决很重要，老板的善意和相互信任是重要基础。我们在帮助企业做阿米巴模式方案的时候，也遇到过老板想用这种股权激励的方式来变相降低员工待遇的情况，这种错误的出发点必然会导致不良的结果。

第二，数据严谨。由于需要进行及时透明的内部结算，并了解各阿米巴单元的实时经营数据，所以，数字化、信息化是阿米巴模式实施的重要保障。

第三，市场机制。阿米巴单元结算实际上是内部市场化，需要做到公平公开。我们希望通过这样的机制，实现把公司做小，把客户做大的目标。

第四，公司赋能。这点非常重要，并不是说实施了阿米巴模式，各部门就能立刻快速发展。原因很简单，阿米巴模式只激发了积极性，公司的核心产品、创新技术、重要资源问题，仍然必须在公司（或者说大老板）层面才能解决。这也是大老板的价值。

关于公司赋能，公司必须从上到下形成"倒三角"组织（图10-14），其关键点在于：其一要改变传统组织的"金字塔"模式，反过来实行赋能机制，这本质上是减少管理，增加领导力，也就是要求上级必须解决下属的困难；其二要形成领导服务员工、后台服务前台、职能部门服务业务部门的氛围和机制；其三是在这样的机制下，阿米巴单元得到公司的服务，阿米巴单元负责人对下属服务、为下属赋能，这样的企业文化和机制使得公司具有战斗力。

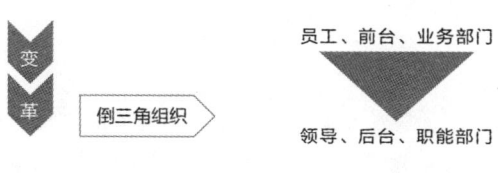

图 10-14 "倒三角"组织

在前文创业护航人事业务的案例中，为了把人事业务做好，公司给予了不同程度的支持。首先，是建立了最初的基础，验证了客户需求真实存在，其间老板调用各种资源，亲自带领团队，完成了从 0 到 1 的验证；其次，公司动员全体员工参与，并不惜使用了部分"行政命令"，帮助阿米巴单元负责人完成业绩；再次，公司帮助阿米巴单元负责人增加新的人事业务产品，希望其有所突破，为了帮助其成长，公司还送阿米巴单元负责人进入商学院系统化学习管理课程；最后，公司给予阿米巴单元负责人足够的信任，帮助其成为真正的合伙人。从此，工作变成事业，个人的收益不再是普通的劳动收入，而有了资本收益，团队也逐步壮大，个人收获了新的成长。

【课后作业】

思考题：你的公司，有哪些优秀骨干可以尝试做阿米巴单元负责人呢？

CHAPTER
11

第 十 一 章

风险防范

如果一个策略有可能触发爆仓风险，那么无论多么大的收益都得不偿失。

——纳西姆·尼古拉斯·塔勒布

040 讲 │ 底线思维：什么是凸性风险

这个时代被称为"乌卡时代（VUCA）"，VUCA 代表了 volatile（易变不稳定）、uncertain（不确定）、complex（复杂）、ambiguous（模糊）。这个时代的不确定性加上复杂，让原本就有风险的创业变得风险更大。在这个时代创业，创业者该有什么样的风险意识？有哪些风险是必须防范的呢？

风险管理理论学者纳西姆·尼古拉斯·塔勒布将其撰写的《反脆弱》一书的副标题定为——"从不确定性中获益"，引起了全球读者的共鸣。究其原因是：在全球"黑天鹅事件"频发的当下，我们进入了一个充满不确定性的时代，难以把控和预测的未来让人们焦虑；而所有人都想知道，如何从不确定性中获益。

《反脆弱：从不确定性中获益》的核心观念之一就是凸性风险。关于凸性风险，各类解释要么数学性太强而难以理解，要么集中在细分领域。我试图用一种简单的方式为大家阐述凸性风险对创业者的价值（图 11–1）。

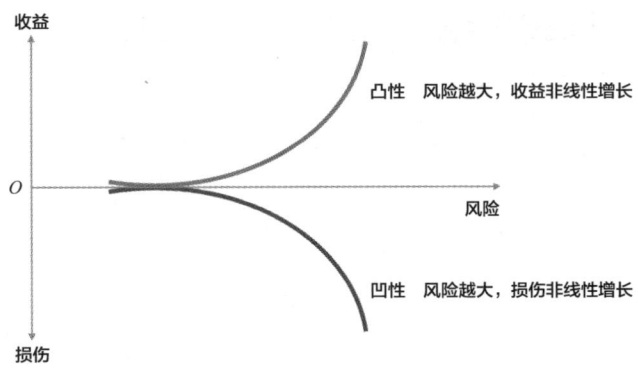

图 11-1　凸性和凹性：反脆弱的标志

简单来说，凸性风险就是指：投入（成本）可控，但是收益有可能很大。比如我写这本书，花的时间精力相对固定，虽然最终的销量如何，我并不清楚，但是承蒙读者厚爱，销售量大大超乎预期的可能性也依然存在。这种投入有限但是收益有可能很大的风险类型，就是凸性风险。创业者当然要多去尝试这样的方向。

该不该去创业

创业往往不是一个人的事，有时候涉及整个家庭，当创业者想去创业，但是家里人不支持的时候，怎么办？

2004 年，我打算辞去中国电信的工作，去广州创业做中国第一本保险黄页。当时我太太对此是反对的，她的理由也很充分，在她看来，辞去中国电信的好工作，到另外一个城市创业，风险太大。我当时对她分析说：如果创业失败，回到上海我依然能找到同等收入的工作，这是我的底线；而如果创业成功，会带来人生的改变。后来我到广州半年，做出了"广州保险指南"，虽然没有取得很大的成功，但是也赚到了比打工多几倍的收入；更重要的是，这次经历对我后来的创业产生了非常积极的影响。

现在来看，这种预估最坏结果的想法就是底线思维，如果自己连最坏的结果都能接受，且成功后的收益极大，那就应该勇于尝试。这也是凸性风险的定义。

该不该卖掉房子去创业

有一家创业 12 年的知名早教机构，创业者不仅获得了资本市场的青睐，也收获了各种荣誉。然而，在面对 2020 年的新冠肺炎疫情时，这家机构没能熬过寒冬，不得不关园停业。但是创业者并不愿意承认失败，她卖掉了自己住的最后一套房子，继续投入，不仅未能挽回败局，还招致多方诉讼。当她带着孩子和先生搬出自己唯一住的房子时，孩子在窗边发呆。

对此，除了同情和惋惜，我们仍然要进行理性的分析。第一，遵循有限责任的原则，公司和私人家庭原则上要分开。第二，创业不是赌博，要有底线思维，承认每个人的能力和资源都是有限的。第三，必要的时候，承认失败，有时候，一次优雅的撤退比成功更值得尊敬。第四，创业必须看最后的结果，我们必须认识残酷性。

所以，我并不赞成卖掉最后一套自己住的房子去硬撑。

走出关于企业经营风险的认识误区

经营有风险，但也不能走极端，过度防止风险，会失去商业机会。

误区一：不管经营只谈风险

企业经营有风险，通常，律师或注册会计师会给创业者出具风险防控的方案，其中会出现这样或那样的问题。"他们说的都是对的，但是很难执行。"比如，律师要求合同规范，但是如果按照律师提供的这个合同，客户不同意。这就是专业和现实所产生的矛盾，我们要认识到，如果生意都做不了，风险控制还有什么意义呢？

误区二：走极端

还有一种误区——走极端。有的创业者认识到某项业务有风险，就避而远之；有的创业者为了赚钱，不顾风险。

对于第一类创业者，需要认真把控质量，把风险降到最低；而另一类创业者，为了赢利甚至走在违法犯罪的边缘，这种做法显然大错特错。任何商业，都是风险与收益的平衡，当然，能做到低风险高收益是最好的。

所以，关于企业的经营风险，至少有以下几点是我们必须明确的。

第一，识别风险是最重要的，当我们认知到风险时，其实风险已经减少了一半。创业过程中最恐怖的事情是——当事人完全没有意识到风险的存在。只要你认识到了风险，就应该想办法规避它，或者做好应对风险的准备。

第二，不同阶段的企业有不同的风险管控要求。

第三，既要做生意，又要规避风险。千万不能走极端，既不能有风险就不去做，也不能不顾风险甚至做违法的事情。风险是可以管理的，能够识别风险并管理好风险的人才是真正的企业家。

不同阶段的企业风险模型

企业所面临的风险不是一成不变的，随着企业发展阶段的变化，企业所面临的风险也在变化，所以，不同阶段的企业会面临不同的风险。我们以几种交通运输工具做个形象的比喻。

当企业年营收在 300 万元以内，还处在小微企业阶段，也就是企业发展金字塔中最下面一层，企业相当于开着一辆拖拉机。司机对周围的路况很熟悉，开的速度也很慢，驾驶的时候甚至不用看仪表盘，凭感觉就可以。对于企业来说，这时候的主要任务是生存下来，即使碰到风险，损失也不会太大。但仍然要具备风险意识，因为创业初期的一个风险就可能导致创业失败。

当企业营收达到近 1000 万元，就是企业发展金字塔中的第二层，这时候企业开的是汽车。速度较快，路况也很复杂，司机必须看仪表盘才能安全驾驶。作为创业者，这时候开始要关注企业各类风险，如果风险变成灾难，损失可能很大。

当企业营收接近 1 亿元，员工超过 100 人，就是企业发展金字塔中的第三层，这时候企业开的是飞机了，司机只能看仪表盘，不能凭感觉行事。这个阶段的创业者需要通过财务报表和管理报表来分析公司业务，也就必须全方位关注风险，一个小的风险可能会导致机毁人亡。比如中国奶粉行业的三聚氰胺事件，农户养奶牛环节和收奶环节出现的疏忽，重创了一个企业乃至一个行业。

如果企业营收更高，处于企业发展金字塔中最上面一层时，企业俨然是一艘航空母舰，需要海陆空的全方位安全保障，这时候不能接受哪怕一点点机制上的风险。最著名的案例是 1995 年，一个交易员的失误导致巴林银行倒闭，引起全球金融波动。

所以，不同阶段的企业，需要有不同的风险防控级别。这样才是对待风险的合理方式。

【课后作业】

思考题：当企业面临风险的时候，你是如何决策的呢？

041 讲 | 经营风险：四大军规

内部管控

对大多数企业，尤其是中小企业而言，做好基础的内部管控是控制风险的首要任务，为此，我总结出四大军规（图 11-2）。

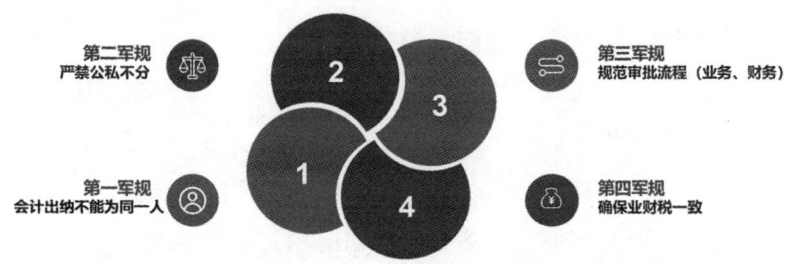

图 11-2　企业如何做内控

第一军规，会计出纳不能为同一人，这是制度保障。虽然道理简单，但实际上许多企业并未做到。如果会计出纳为同一人，则可能出现自己收支的钱跟自己的账做平的情况，缺乏了起码的校对机制。所以，管钱和管账的人员必须分开。

第二军规，严禁公私不分。尽管老板是公司的股东，但公司的钱与自己私人的钱不能混为一谈，否则，不仅会导致账目混乱，而且管理也会混乱。需要说明的是：1. 公司的钱转移给个人，是需要缴纳企业所得税和个人所得税的；2. 我们并不是完全杜绝个人收款和支付，在公司规模小的时候，难免会使用老板的私人银行卡，但是，需要注意的是，应该把私人银行卡交给公司出纳，当作公司账户来使用，不做私人用途，这是另一种形式的公私分明；3. 在公司有多个股东的情况下，尤其要避免公私不分，情节严重的甚至会触犯刑法。

第三军规，规范审批流程。如果是成本费用支出，那么支出者提交，主管审核，财务审核，出纳支出。这里的审核机制需要非常清晰。

1. 金额，不同金额需要不同级别的管理者审批，这是通行的做法。比如公司 20 个人以内，营收 500 万元以内，10 万元以上需要总经理审批，这些在企业内部财务管理制度中需明确说明。

2. 常规支出与非常规支出分别管理，比如在创业护航，对非常规支出，我会亲自审核；常规支出即使金额很大，也由子公司总经理负责。这里所说的常规支出比如房租，是按照物业协议规律性支出；而非常规支出是指年会开支等一次性的大额支出。

3. 审批的工具也很重要。比如企业微信，免费且便利，可以实现无纸化办公。

4. 报销标准要明确。比如差旅过程中酒店的标准，可以使用携程的商旅系统，公司设置好标准，员工在标准范围内进行选择。

我想要再次强调的是，学会数字化的管理方式，会大大降低管理成本，还能提升员工满意度。

5. 审批流程中，财务需要检查合同、发票。这是合规性检查，不合规的财务可以驳回。

6. 支付流程，必须一人提交，一人最终支出。这里要求流程必须由两个人完成，这也是必须建立的制度，确保审批机制合规合法。并且，出纳支出必须是在前面的审批环节完成的前提下。

第四军规，确保业财税一致。业务、财务、税务的一致，是合规的前提。我们碰到 90% 以上的税务稽查都是由三者不一致造成的。所以，如果客户委托我们做财税外包，最重要的事情是梳理客户企业的商业模式，确保业务、财务、税务的一致性。如果三者不一致，一定会出问题。

如果中小微企业能严格遵守这四大军规，可以保证不会出现低级错误。

法律风险

中小微企业在经营过程中会有很多法律风险，有的还很严重。那么，有哪些法律风险呢？又该如何规避呢？

1. 职务侵占风险，这是一项常见但又容易被忽略的风险。

根据《中华人民共和国刑法》第二百七十一条关于职务侵占罪的表述及相关司法解释和法律实践，6 万元即可入刑，100 万元以上则属于数额巨大，可以判处 5 年以上有期徒刑。

我们经常碰到这样的案例：股东间出现纠纷，经营股东有公私不分的情形，比如经营股东将一笔钱支出到个人账户，说明不了用途，致使其他股东将其告上法庭，其被判处职务侵占罪。

所以，在经营过程中，一定要公私分明，如果有特殊情况一定要把资金转至个人账户，需要走股东会程序，告知股东们并获得同意。我强调过很多次，流程上合法无比重要。

2. 挪用资金罪，在《中华人民共和国刑法》第二百七十二条中有着明确的规定。与职务侵占罪不同的是，挪用资金罪是资金在没有得到允许的情况下被私自挪用，给公司带来巨大的资金风险，因此《中华人民共和国刑法》对此的判处非常严格。我们也经常在媒体上看到某公司出纳挪用资金炒股的案例，挪用资金往往是在挪用后无法归还而导致东窗事发，因此，建立出纳管理规范就很重要。

劳动人事风险

企业必须尽量规避劳动人事风险。对此我也总结了四大军规。

军规一，签署劳动合同。有许多小企业缺乏劳动人事风险意识，员工入职相当长一段时间内还未与员工签署劳动合同，一旦员工上诉相关仲裁机构或法庭，企业可以直接被判违规。

军规二，必须有考勤记录。如果没有考勤制度，在无证据的情况下，劳动仲裁部门往往会采信员工的说辞，因此，必须建立考勤制度，科学公正地记录员工的到岗和加班情况。

军规三，必须有员工手册，这是对日常行为的基本规范。在手册中，对上下班时间、请假、考勤、入职与离职、奖惩等做出规定，做到有法可依，手册必须由员工签收。

军规四，劳动合同中的工资、社保基数、个人所得税基数这三者必须一致，如果这三者不一致，一定会出问题。

中小企业严格遵守这四大军规，可以规避80%以上的劳动人事风险。

需要强调的是，员工社保是企业必须承担的支出，企业一定要为员工购买社保，如果有外勤员工，还应为其购买意外险。

融资风险

企业在快速发展阶段需要大量资金投入，创业者们获得投资人的青睐，很容易在不了解情况的时候，无条件答应投资人的要求，这实际上隐含了巨大的风险。

我们常见的融资风险出现在投资人和企业之间签署的对赌条款上。比如有的对赌条款规定，如果被投资企业5年内不能通过资本市场让投资人退出，需要按照年利息8%由创业者回购投资人股份。这相当于公司如果发展得好，投资人享受股权收益；如果发展得不好，投资成了债权，这本质上是让创业者承担了无限责任。创业护航旗下的摩羲科技就曾经两次拒绝了这样的投资，在我看来，作为创业者，我们竭尽全力把公司经营好，但是不应该将家里的房子也赌上。实际上这样的投资人对我们是不信任的，或者这样的投资人就不是真正的投资者。

所以，如果创业者们遇到这样的投资条款时，一定要小心谨慎。

合同风险

所有的商业都是用契约来约定的，所以大多商业风险都埋藏在合同中。

合同中常见的风险包括：1.违约责任，不要承诺不可接受的违约责任；2.责权利的约定，清楚约定甲方和乙方的责权利，不要有任何遗漏；3. 防止合同欺诈，实际商业合作中发现主体不真实、产品和服务承诺不一致等各种合作欺诈时，需要结合业务，由专业律师把关。

知识产权风险

经营中的知识产权风险主要在于以下几点。

1. 销售商品时没有考虑商标问题。这类情况非常常见，创业者们在创业初期缺乏商标意识，等产品上市获得一定的口碑之后，却以商标侵权的罪名被告上法庭，这对创业者造成的损失将会是巨大的。所以，解决这个问题的办法就是具有商标意识，推出产品的时候在相应的分类注册商标。

2. 还有一种情况是自己的软件著作权被他人侵犯后，期望用法律手段进行维权，结果陷入长期的法律诉讼，且未得到预想的结果，心态崩塌，这类情况让人惋惜。解决的办法是在经营中做好产品的版权登记，保护原代码，出现问题后在动用法律手段追责的同时，更要用经营制胜。

总而言之，面对企业的经营风险，我想说的是：经常当被告的通常是无赖，经常当原告的通常是无能，企业尽量不要动用法律手段。

【课后作业】

思考题：你的公司存在经营中的内控和法律风险吗？

---

042 讲 | 股权构架：合伙人与股权风险

股权纠纷是企业纠纷中最常见的一类。这类纠纷发生在股东之间，因此往往会对公司造成致命的影响，所以要在公司设立之初就做好合理的规划。由于股权相关知识众多，我选择了部分对于创业者而言必须知晓的股权常识进行讲解。

股权比例

对于刚刚出资成立的公司，出资者可能会因为股权比例的问题而发生争议，毕竟谁都希望自己能够获得多一点股权。为了保证自己能够公平公正地获得股权，就需要了解股权比例确认方法。

1. 67% 的绝对控制权和 34% 的重大事项否决权

当股权超过 67% 时，股东具有公司的所有权力，包括将公司注销；反而言之，如果有股东的股份比例超过了 34%，也就是具有了重大事项的否决权，对于中小企业而言，这些重大事项包括修改公司章程，增加或者减少注册资本，合并、分立、解散。

2. 51% 的经营决策权

当股权超过 50% 时，股东具有经营决策权。也就是说，在日常经营管理的过程中，拥有一半以上股权的股东可以做出经营决策，所以，这个权力非常重要。有许多创业公司的创始人很早就失去了这个决策权，导致和股东之间很难达成一致。

所以，创业公司在设立之初，一般建议创始人拥有超过 50% 的股权，最理想比例为超过 67%。这也意味着股东能够进行快速决策，小规模公司会因此更为高效。

3. 10% 的发起临时股东会议权

股东的股权比例超过 10% 时，可以发起临时股东会议。这是一项小股东权力。

需要说明的是，这本书的所有内容针对的是中小微企业主，因此，在本章节我不对上市公司股权和股份公司股权进行讨论。我也不建议中小微企业在开始阶段就设立股份有限公司，我建议设立有限责任公司，需要股份化的时候再进行变更。

有限责任与无限责任

根据所负责任的不同，企业可以被分为有限责任公司和无限责任公司。

有限责任公司一定拥有法人，且一定拥有注册资金，并按照注册资金承担有限责任。根据《中华人民共和国公司法》，我们讲的公司都是有限责任公司，包括上市公司。而合伙企业、个人独资企业则承担无限责任。

有限责任是人类历史上的一次伟大发明，在此之前，人类的商业行为都由个人承担无限责任，如果生意失败，可能倾家荡产。

而有限责任的诞生，减少了创业者的损失。比如我一共有 200 万元，留 100 万元养家，拿出 100 万元注册公司做生意，承担 100 万元的有限责任。如果失败，家里的 100 万元依然可以让家人正常生活。由此有限责任也促进公司如雨后春笋般发展起来，根据中国工信部的数据，截至 2021 年，全国企业的数量达到 4842 万家，其中 99% 以上都是中小企业。而美国小企业管理局 2019 年公布的数据是，美国 500 人以下的小企业约有 3070 万家，占企业总数的 99.9%。全世界的小企业则以亿计。

由于有限责任公司的优势，大多数人从商会选择成立有限责任公司。选择无限责任的个人独资企业、合伙企业、个体工商户，一般是两种情况：一是为了享受税收优惠，个人独资企业、合伙企业、个体工商户可以采用核定征收的方式，实际税负较低；二是出于股权设计的考虑，有限合伙企业中 LP（有限合伙人）承担有限责任，没有决策权，而 GP（普通合伙人）可以拥有全部决策权，但要承担无限责任。

既然我们说有限责任是一项伟大的发明，那么，我们就要尽量用好有限责任这个工具。

首先，利用有限责任规避责任风险。比如：创业做装修工程业务，为了规避施工过程中各种不可预知的风险，注册一个注册资金为 50 万元的公司，万一出现非责任事故，公司清算，创业者只需要承担 50 万元以内的有限责任。

其次，如果一定要注册合伙企业，那么可以用有限责任公司做 GP，这是基金管理公司惯用的做法。

最后，注册资金不是越多越好。当公司严重亏损资不抵债时，由于有限责任公司是按照注册资金承担有限责任，因此股东有义务缴清注册资金。所以，创业公司刚成立时，除非是甲方需要或者资质许可证有注册资金要求，否则注册资金够用即可。

有限合伙企业

有限合伙企业总体上承担无限责任，有限合伙企业有两个主要用途：一是设立基金，二是设立员工持股平台。这里只需要掌握两个重要概念即可。

1. LP 是 limited partner 这两个英文单词首字母的缩写，就是有限合伙人的意思。

2. GP 是 general partner 这两个英文单词首字母的缩写，就是普通合伙人的意思。

顾名思义，LP 承担有限责任，GP 承担无限责任。在决策权上，GP 拥有决策权，而 LP 只有收益权，没有决策权。

有限合伙企业的一个主要用途就是设立员工持股平台，当公司需要做股权激励时，给予核心骨干部分股权，可以设立有限合伙企业，老板做 GP，被激励的核心员工做 LP。这样做的好处是：员工有收益权（包括分红权），但是没有决策权；虽然老板的股份被稀释，但是决策权依然牢牢掌握在老板手上。另外，这样也避免了工商变更时需要所有股东签字的麻烦。

常见的股权纠纷

常见的股权纠纷包括以下几类。

1. 一人有限责任公司容易出现"公私不分"，所以一般不建议注册一人有限责任公司。

2. 股权代持。尽量不要代持，如果一定代持，必须有规范的协议约定。

3. 控制权。围绕 67%、34%、51% 这些股权控制点的争夺，有太多现实案例。

4. 投资人对赌。这类纠纷案例也比较多，我自己也因为对赌条款拒绝过投资，因为跟创业者个人的对赌本质上让创业者承担了无限责任，创业者在融资时遇到这样的条款必须非常谨慎。

5. 股权激励。因为约定不清晰，把骨干员工变成仇人，这当然是最糟糕的结果，所以我在前面讲激励的时候建议中小企业对核心骨干采用阿米巴模式。

6. 股权转让。股权转让的纠纷非常多，主要原因包括优先权、涉嫌资产转移、夫妻股权等。

股权涉税问题

股权构架会直接影响税费的缴纳。我曾经遇到过这样一个案例（图 11-3）。

自然人A、B、C几年前通过以下途径最终持有G公司股份（初始投资约2000万元），G公司于2019年上市，股票已经解禁（对应市值2~3亿元）。

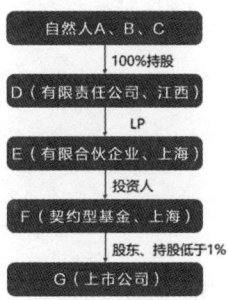

图 11-3 股权涉税问题——错误案例

在上图中，我们可以看到自然人以 100% 持股的方式成立有限责任公司 D 公司。从纳税的角度来看，D 公司的设计非常失败。原因在于有限责任公司是按照"先税后分"的原则纳税，即根据应纳税所得额缴纳企业所得税，然后根据净利润给股东分配利润。这样的股权设计让 A、B、C 这 3 个自然人需要在缴纳了 25% 的企业所得税之后再缴纳 20% 的个人所得税。而如果设立合伙企业，则是按照"先分后税"的原则，也就是先分配应纳税所得额，再按照税率缴纳个人所得税。

所以，我们对这个案子的解决办法是对 D 公司进行拆分，使其只需要承担 20% 的税赋。

通过这个案例，大家需要明白一个道理：股权结构，会影响未来的个人所得税。

【课后作业】

思考题：你的公司股权设计合理吗？

043 讲 | 税务合规：合法规避被税务稽查

　　自 1994 年开始，中国建立以增值税为主体税种的税制体系，并实施以专用发票为主要扣税凭证的增值税征管制度。2016 年开始在全国推广实施的金税三期，是覆盖全税种、覆盖国地税、覆盖所有工作环节的税收征管电子政务系统。

　　如图 11-4 所示，金税三期全面上线后，中国的税务监管从"以票控税"逐步过渡到"以数控税"。

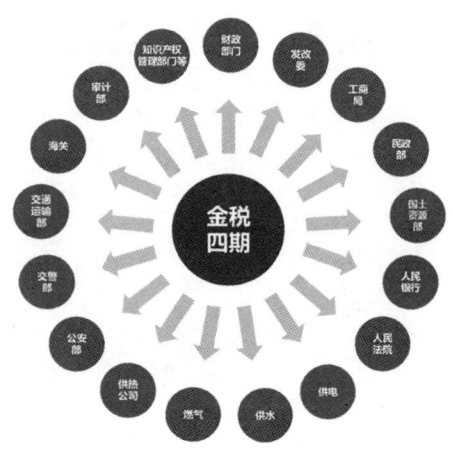

图 11-4 以票控税 vs 以数控税

金税四期上线后，将实施更加精准的监管，企业和个人的各项数据互联互通，彻底实现"以数控税"（图 11-5）。

"以数控税"是什么意思呢？我们设想这样一个场景，当企业的账户进项、账户支出项、用电量、用水量、土地和房产交易、社保人数、工资、知识产权交易、交通运输、公转私、进出口、股权变更……所有的数据都呈现在网上时，税务局能够实时对这些数据进行分析，进而确定这家企业应缴纳的税费。

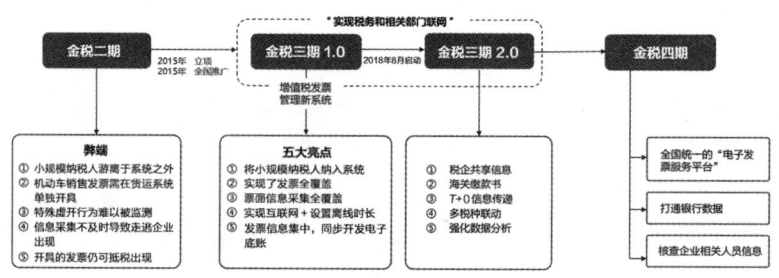

图 11-5 从金税三期到金税四期

由此可以看出，中国税收政策改革的两大方向：一是减税降费，特别是针对中小微企业的税收优惠措施越来越多；二是严格监管，绝不允许偷税漏税。

企业为什么会被税务稽查

近年来，随着税务监管越来越严格，企业遭遇税务稽查的概率也越来越高，通过我们税务师事务所实际工作中处理的税务稽查案件，我们将企业遭遇税务稽查的原因分为四大类。

第一，金税系统大数据分析后发现有风险的企业。事实上，我们现在遇到的案件，确实全部存在问题，也就是说，现在被大数据筛选出来的有风险的企业，本身确实存在问题。

第二，主管税务机关发现问题。这些都发生在地方税务机关的日常征管过程中，随着金税系统和税务征管改革的深化，这种情况会越来越少。

第三，他人举报。这种情况非常普遍，而举报人通常为竞争对手、内部员工和有纠纷的客户。

第四，国家税务总局统一交办，国家税务总局交办的往往都是大型涉税案件。

如何应对税务稽查

如果企业遇到税务稽查，首先要冷静，进而寻求专业机构的帮助。以创业护航处理的大量税务稽查案件为依据，我们总结了处理好客户企业税务稽查，需要做的基本流程。

1. 案件调查，需要取得企业的信任，告知实情，如果企业跟我们都不说实话，我们很难帮到企业。

2. 跟企业签署服务协议，并由企业出具委托书。

3. 就预备处理方案，跟企业达成一致。

4. 撰写案件情况说明。

5. 跟税务局沟通，与税务局达成一致的处理意见。

6. 结案。

7. 总结分析，企业总结教训，并做好后续合规方案。

下面是两个真实的案例。

案例一

2015 年 4 月，某园林工程公司（乙方）为某房地产开发公司（甲方）的供应商，主要负责甲方的园林绿化工程设计与施工，该项目交易金额为 4000 万元，但甲方的总经理李某要求乙方帮其"走" 2000 万元的现金，扣除 5% 的税点后支付给总经理李某个人 1900 万元现金。2000 万元被混在工程款里，合同中原本 4000 万元的交易款项被变更为 6000 万元。为解决乙方 2000 万元对应的成本项来源，甲方总经理李某通过关系找到江苏一家苗木基地，开了 1900 万元的发票给乙方。2021 年 3 月，甲方总经理李某因涉嫌职务侵占及行贿被公安机关侦查，李某供出 2015 年与园林工程公司的这笔交易，导致该园林工程公司被税务机关稽查。

这是工程行业非常典型的案例：如果不答应甲方的要求，拿不到项目；如果答应甲方要求，有可能违规甚至犯法。那么该如何处理呢？分两个层面。

第一，已经出现了这样的结果，如何应对税务稽查和公安经济侦查？

我们税务师事务所编写过一本内部资料《涉税情况说明案例汇

编》，对此有过总结。首先是要正确应对，积极跟税务局沟通，编写情况说明，这个案例主要说明以下几点：1. 公司确实是迫于压力，为了拿到项目而被迫答应了房地产开发公司总经理的要求；2. 公司没有从中牟利；3. 对于这笔 2000 万元资金的去向，公司并不知晓；4. 苗木成本发票是由房地产开发公司安排的，公司并不清楚具体来源。

这样虽然不能完全规避责任，但是能达到两个目标，首先排除了刑事责任，其次是积极配合税务局处理，尽量减少经济损失。

第二，这个案例处理完毕之后，我们跟公司老板和财务总监开会复盘，如果再遇到这样的问题，应该如何处理呢？

主体公司操作要尽量安全、合规。该园林工程公司经营了十多年，累积了良好的市场口碑，产生了一定的品牌效应，拥有多项资质，当时应当明确拒绝通过主体公司处理这 2000 万元资金，主体公司的所有行为要尽量安全、合规，以规避主体公司的税务风险。

要说明的是，防范风险时有一个普遍的误区，那就是许多律师和注册会计师在给企业做法律和财税服务，进行风险防范时，大多给出保守指导，由此会导致企业错失大量生意。对中小企业而言，需要的是在生意能做的基础上尽量合规，或者把风险降到能接受甚至最低的程度。

案例二

有一家培训公司，因为工作问题，老板要开除财务总监，但两人在赔偿问题上没有谈拢，结果财务总监举报老板走私账、偷税漏税，还将企业数据作为附件提交给了税务局。

事实上，企业财务总监举报老板的案件并不少见。由于工作原因，财务总监掌握了公司完整的财务税务数据，一旦举报，税务局必须着手处理。这给我们处理案件带来很大的麻烦。

所以，建立良好的经营生态是老板们必须修炼的内功。我们在处理被举报案件时，从财务总监方面着手，在调查中发现其本身对于公司的财务税务问题也负有一定的责任，所以：我们一方面与财务总监进行沟通，让其了解其责任所在，并作为中间人平复双方的情绪，让当事人理性面对；另一方面，则和税务局积极沟通，告知真实情况。最终，通过沟通，双方就离职赔偿问题达成一致，举报人撤诉。根据税务部门的整改要求，公司也厘清了税务问题，并在后期对财务工作建立规范化流程，并规范离职面谈程序。

如何规避被税务稽查

遇到税务稽查，企业要冷静面对。但最理想的状态是能在问题发生之前，规避被税务稽查。对此，我认为，最根本的是要确保企业业务、财务、税务的一致性（图 11-6）。

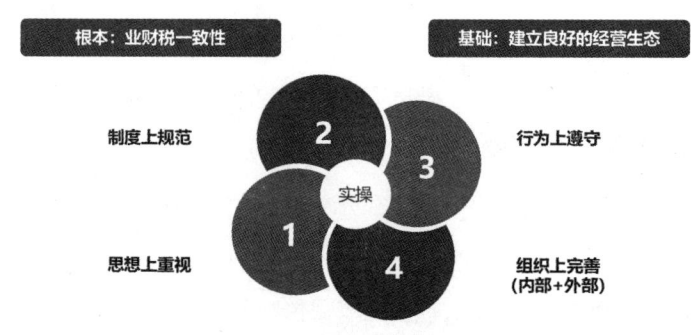

图 11-6 如何规避被税务稽查

绝大多数税务的问题都是由这三者不一致所导致的。比如一笔用于购买礼品的支出，没有取得发票，这笔支出只能用别的名目和发票来填充，这就是业务、财务、税务不一致。再比如为了规避社保，公司给员工发的 1 万元工资中，实际账上只显示 5000 元，另外 5000 元以其他名目和支出来填充，这也是业务、财务、税务不一致。业财税的不一致是导致税务不合规的根本问题，所以，首先要解决这个业财税的一致性问题。

此外，建立良好的经营生态是避免财务稽查的基础。创业很艰苦，每位创业者在企业初创和发展时期，先粗暴地追求活下来的想法无可厚非，如此就更要合规合法。这个时候，如果明知企业存在税务、社保等方面的不合规，就要低调处理好各种关系，包括与合作伙伴、竞争对手、同事员工等的关系，才不至于造成投诉和举报。

在实际操作层面，我总结了四条规避税务稽查风险的准则：

1. 思想上重视，重视了才可能改进；
2. 制度上规范，建立良好的财务和内部控制制度；
3. 行为上遵守，规范流程上的每个关键节点，确保执行到位；
4. 组织上完善，就是内部设置岗位、外部聘用顾问协助。

【课后作业】

思考题：你或者你朋友的公司遇到过税务质询或者税务稽查吗？如果遇到，最终是如何处理的呢？

后记

　　这是我出版的第五本书，前四本针对财税服务行业的书已由上海财经大学出版社出版，其中，《服务即营销的终极秘密：代理记账公司的管理与营销》出版于2019 年，是代理记账行业第一本正式出版物；《领航者说：走进中国代理记账标杆企业》记录了对全国代理记账标杆企业的走访心得，是业内第一次对标杆企业的全景式叙事，是梳理行业发展的重要参考资料；《税务筹划案例100》① 是税务筹划的实战案例分析；《有尊严的增长 代理记账公司的增长》是代理记账行业增长的方法论。

　　本书的读者对象是创业者，它不再仅仅针对财

---

① 《税务策划案例100》作者署名为创业护航联盟（上海）税务师事务所有限公司,实际是由本书作者何明涛主编。

税行业。这对我来说是一次"破圈"，也是一次重大挑战，其最大的不同在于针对创业者的方法论需要更通用的底层逻辑，内容不再局限于财税服务行业，而必须包括更广泛的行业。为此，我调研了数十家各行各业的创业企业，并还开启了以"跨越破局点"为主题的针对创业者的系列深度访谈，目的都是要探寻企业增长的方法论。

公司是商业组织，组织的发展一定有底层逻辑，所以也一定有科学方法论，只要相信理论的力量，我们就会变得更加自信。相反，如果没有理论支撑，只凭经验和感觉经营，那就太具偶然性了。如果更深刻一些，我们应该尽量少用归纳法，多用演绎法，因为经验的归纳总是不全面的，而经过演绎法逻辑推理才能找到问题背后的真问题，才能找到底层逻辑，也才能制定出真理般的战略。创业者的笃定感正是来自理论的确定性。

人无比复杂，创业者是人，客户是人，员工也是人，是人就有情绪。一家好的公司，应该是尽量减少对人的依赖，从某种意义上说，好公司就是在持续的减少对人依赖。但是，公司最终是人的公司，公司必然有员工，公司最终还是要服务人。二者看似矛盾，但却符合内在逻辑。这本书正是从创业者、客户、组织（员工）三个角度来讲述的。

作为创业者，读完这本书，你应该得出这样的结论：

1. 创业维艰，对绝大多数创业者而言，要先做成一个赚钱的生意，绝大多数创业者不要一开始就想做平台型公司。

2. 野蛮生长也需要科学方法论，不管是战略还是战术，都可以从创业者、客户、组织（员工）三个角度进行分析。

这本书得以顺利出版，首先必须感谢这个时代，中国经济的快速发展，超过1亿户的市场主体是中国商业的坚实底盘，也是这本书最珍贵的素材源泉。我期待和广大创业者一起提升中国创业者（尤其是中小微企业创业者）的经营管理水平，未来的大企业也会从这些中小微企业中发展而来，这对中国的未来意义巨大。

感谢吴晓波老师、霍中彦老师、胡凌社长为本书做推荐，你们的推荐让本书有机会跟更多的创业者见面。

感谢刘文对书稿的整理与勘误，你让这本书更完美。

感谢蓝狮子出版公司的陶英琪主编、薛露编辑对本书提出的专业且宝贵的意见和建议。

感谢浙江大学出版社。

感谢创业护航和创业护航联盟为本书提供真实的创业者案例。

为了突出重点，这本书没有讲述更细节的经营方法论，比如人力资源的KPI和OKR在中小微企业的应用、线上和线下获客方式的落地实施等。创业者案例也还不足够多。为了弥补这些缺憾，我会坚持做"跨越破局点"系列专访，以更具现场感的画面将内容呈现给大家。未来，我还会继续从各个维度用各种方式来输出内容，跟创业者一起成长。请大家加"护航小管家"的微信，我们一起成为有科学方法论的创业者，一起为中国经济贡献我们的力量。

创业者加油！

何明涛

2022 年 9 月